A Special Life

Die Geschichte eines Lebens

Tanja Begerack

A Special Life
Die Geschichte eines Lebens

Tanja Begerack

Impressum

© 2023 *Tanja Begerack*

Coverdesign von: *Mario Rank*
Lektorat: *Dr. Renate Feikes*
Satz & Layout: *Juliane Ehrlicher*

ISBN Softcover: 978-3-347-89065-7
ISBN Hardcover: 978-3-347-89066-4

Druck und Distribution im Auftrag der Autorin:
tredition GmbH, An der Strusbek 10, 22926 Ahrensburg, Germany

Das Werk, einschließlich seiner Teile, ist urheberrechtlich geschützt. Für die Inhalte ist die Autorin verantwortlich. Jede Verwertung ist ohne ihre Zustimmung unzulässig. Die Publikation und Verbreitung erfolgen im Auftrag der Autorin, zu erreichen unter: tredition GmbH, Abteilung "Impressumservice", An der Strusbek 10, 22926 Ahrensburg, Deutschland.

Inhaltsverzeichnis

Vorwort
Einleitung

Kapitel 1	Leben und Tod ... 13
Kapitel 2	Das Jahr 1992 ... 29
Kapitel 3	Wir nannten ihn EL ... 41
Kapitel 4	Veränderungen ... 53
Kapitel 5	Teneriffa ... 65
Kapitel 6	Rückkehr nach Deutschland ... 79
Kapitel 7	Aura-Chirurgie ... 91
Kapitel 8	Außergewöhnliche Erlebnisse mit EL ... 101
Kapitel 9	Träume ... 111
Kapitel 10	Visionen & Erlebnisse ... 123
Kapitel 11	Geistererscheinungen ... 137
Kapitel 12	Mentale Kräfte ... 151
Kapitel 13	Wunschprinzip ... 163
Kapitel 14	Familie & Partnerschaft ... 175
Kapitel 15	Schwangerschaft & Geburt ... 189
Kapitel 16	Kristallkind ... 203
Kapitel 17	Außergewöhnliche Begegnung ... 215
Kapitel 18	Ufo Sichtungen ... 227
Kapitel 19	Umbruchphase und Neubeginn ... 241

Vorwort

Dieses Buch widme ich von ganzem Herzen meiner wunderbaren, kleinen Tochter Anastasia, die mir als ein ganz besonderes Geschenk für dieses Leben zugedacht wurde. Zudem widme ich es meinen verstorbenen Großeltern, meiner ganzen Familie, meinen Freunden und allen Menschen dieser Welt, die es gerne lesen möchten und an meinem Leben teilhaben wollen.

Ich danke allen Menschen, Naturgeistern, Engeln und Seelenverwandten, die meinen Weg in dieser Rolle begleiten und für die geistige Unterstützung, dieses Buch schreiben zu können!

Namaste!

Einleitung

Lieber Leser,

lange habe ich auf diesen Tag gewartet. Und nun ist es endlich so weit und ich fühle mich innerlich dazu bereit, diesen Schritt zu gehen. Nicht, weil ich Angst oder Unsicherheit verspürte. Nein, das war es nicht, was mich bisher zurückhielt, sondern vielmehr verhinderte, das endgültige ›Go‹ von innen heraus zu bekommen. Und ich weiß, dass ich nun an dem Punkt angelangt bin, meine Erlebnisse, Erkenntnisse und Erfahrungen mit dir zu teilen. Ich weiß, wir sind nun an einem Wendepunkt unseres Seins angelangt und es wird Zeit, dass wir etwas Tragendes verändern im Innen wie im Außen. Aber das geht eben nicht nur im Außen. Wir müssen nach innen gehen, jeder für sich. In sich hineinblicken und verstehen, worum es wirklich im Leben geht. Aber zu all diesen Punkten werde ich mich im Laufe meiner Lebensgeschichte noch äußern. Ich habe lange überlegt, wie ich am besten beginne. Das ist gar nicht so einfach, auch wenn man das vielleicht meinen könnte. Jedoch wenn man so viel erlebt hat, wie es gerade in meinem Leben ist, dann möchte man am liebsten alles auf ein- mal loswerden und das geht eben leider nicht, auch wenn man es gerne so hätte. Ich gebe jedenfalls mein Bestes und wir werden sehen, was dabei herauskommt. Alles, was ich dir nun offenkundig darlege, habe ich wirklich erlebt! Es sind keine Fantasien, Märchen oder dergleichen. Selbst wenn manches für dich auf den ersen Moment unglaubwürdig klingen mag, habe ich es trotzdem erlebt. Es geht auch nicht darum, dass mir jemand glaubt oder nicht. Das spielt für mich keine Rolle. Mir ist wichtig, dir etwas auf dem Weg mitzugeben. Und ich bin überzeugt davon, dass du während des Lesens verstehen wirst, was genau ich meine, ohne es jetzt im Vorhinein erläutern zu müssen.

Also Vorhang auf, es geht los!

KAPITEL 1
Leben und Tod

Diesen Titel des Kapitels habe ich ganz bewusst gewählt, da meine Geburt für meine Mutter ein wahres Martyrium war und sowohl ich als auch meine Mama hätten sterben können. Die Ärzte haben bei dem ganzen Ablauf zuvor sehr gepfuscht. Meine Mutter lag viele Stunden in den Wehen und wurde an diesem Tag alles andere als richtig behandelt. Anstatt in diesem Fall eine entsprechende Hilfestellung zu geben und einen Kaiserschnitt zu machen, setzten die Ärzte meiner Mutter weiterhin zu und sie verlor irgendwann fast ganz das Bewusstsein. Mein Vater war bei dem ganzen Prozedere dabei, daher kenne ich den Ablauf sehr genau, denn meine Mama war zu keiner Reaktion mehr fähig und bekam nur noch wenig mit. Mein Papa erzählte mir, dass die Ärzte meiner Mutter, als sie ganz das Bewusstsein verlor, Adrenalin spritzten, auf welches sie allergisch reagierte. Letztlich kam es, wie es kommen musste, die Ärzte konnten mich zwar holen, aber ich war schon komplett blau und bekam keinen Sauerstoff mehr, wodurch sich dann bei mir später ein bleibender Lungenschaden einstellte. Die Hebamme wirbelte sogleich meinen kleinen, hilflosen Körper in der Luft herum und so begann ich zu schreien und wieder zu atmen. Danach wurde ich ausgiebig untersucht und es wurden so weit keine Abnormitäten festgestellt. Meine

Mutter erholte sich nach der ganzen Strapaze wieder weitgehend gut und blieb noch ein paar Tage mit mir im Krankenhaus zur Beobachtung. Während dieser Zeit machte mein Vater die Ärzte auf das für ihn verdächtig kleinere linke Auge, das permanent geschlossene linke Händchen, sowie auf die leicht verkrümmte Wirbelsäule und den relativ stark abgeneigten Kopf nach links aufmerksam. Diese jedoch meinten, das wäre nicht weiter tragisch und würde sich mit der Zeit geben. Eine übliche Verkrampfung, die nicht alltäglich ist, was aber immer wieder mal vorkommen kann und sich in den meisten Fällen Tage später wieder in Wohlgefallen auflöst. Keiner, außer meine Eltern, erkannte, dass sich zu dem Zeitpunkt bereits schon eine körperliche Beeinträchtigung zeigte. Dann ging es nach Hause und schon nach kurzer Zeit wurde ich krank, und zwar in immer kürzeren Abständen, wie mir meine Eltern in späteren Jahren erzählten. Allerdings blieb es dann nicht bei einer kleinen Erkältung. Nein, im Gegenteil, es schlug sich immer gleich alles auf die Lunge nieder. Meine Eltern stellten sich auf immer häufigere Infekte und Krankenhausaufenthalte mit mir ein. Nach wenigen Monaten stellte man während einer Untersuchung bei mir fest, dass sich zwischen Herz und Lunge ein zweiter Magensack befand, welchen man dann operativ entfernen musste, da es sonst lebensgefährlich geworden wäre. Im Laufe der weiteren häufigen Krankenhausaufenthalte fand man dann heraus, dass ich eine Skoliose mit dem Klippel-Feil-Syndrom habe. Diese körperliche Einschränkung möchte ich noch gerne etwas erläutern.

Es handelt sich bei der Skoliose um eine Seitverbiegung der Wirbelsäule bei gleichzeitiger Rotation (Verdrehung) der Wirbel, welche nicht mehr durch Einsatz der Muskulatur aufgerichtet werden kann. Das Klippel-Feil-Syndrom ist ein seltenes, angeborenes Syndrom aus einer Fehlbildung der Halswirbelsäule und möglichen weiteren Fehlbildungen. Für meine Eltern war diese Nachricht anfangs sicherlich nicht so leicht. Welches Elternteil trifft es nicht, wenn es erfährt, dass das Kind eine Krankheit oder gar Behinderung hat? Jedoch liebten sie mich und meine Mutter sagt noch heute, wenn sie damals zuvor schon gewusst hätte, dass ich eine Skoliose haben würde, hätte sie mich trotzdem bekommen wollen. Allerdings war es für sie eine sehr schwere Zeit, denn meine Gesundheit hat unter den körperlichen Einschränkungen sehr gelitten. Ich kann mich seit dem dritten Lebensjahr an vieles noch sehr genau erinnern. Ich verfüge über ein regelrecht fotografisches Gedächtnis und weiß teilweise noch Details, worüber meine Eltern oft staunen. Nun möchte ich erst mal etwas von der Zeit erzählen, als ich noch ein Baby war. Da gab es z.B. auch ein sehr wundersames Erlebnis, das meine Eltern nie vergessen werden. Ich dürfte circa einehalb Jahre alt gewesen sein, als ich wieder einmal sehr schwer krank war. Auch dieses Mal ging es wieder ins Krankenhaus, das blieb leider während der ersten Jahre nie lange aus. Somit verbrachte ich einen gewaltigen Teil meiner frühen Kindheit in diesen weißen, schrecklichen Gemäuern. Jedenfalls war ich damals schwer krank und das Fieber sank trotz der fiebersenkenden Mittel nicht. Nachdem es mir zunehmend schlechter ging und das Fieber einfach nicht sinken wollte, meinten die Ärzte zu meinen Eltern, dass es nicht gut um mich bestellt wäre und sie mit dem Schlimmsten rechnen müssten. Meine Mutter besuchte dann, völlig verzweifelt und unter Tränen, noch am selben Abend die Pater Rupert Mayer Kirche in München und betete für meine Genesung. Sie ging irgendwann völlig übermüdet und weiterhin besorgt ins Krankenhaus zurück. Der Arzt kam ihr entgegen und meinte, es sei ein regelrechtes Wunder, aber mein Fieber würde plötzlich fallen und es ginge mir auch schon ein klein wenig besser. Ich möchte anbei erwähnen, dass meine Familie schon recht gläubig ist, allerdings nicht streng katholisch oder so. Mir wurde jedenfalls nie etwas in Bezug auf den Glauben aufgezwungen. Jeden Abend las mir meine Mutter als Kind ein liebevolles Gute-Nacht-Gebet vor und auch sonst besuchten wir sonntags ab und zu einige Jahre die Kirche. Mir war klar, dass es einen lieben Gott gibt, der auf uns alle aufpasst und im Himmel wohnt. Damals stellte ich mir eine Zeit lang noch einen alten Mann mit einem langen, weißen Bart im Himmel vor, der mich beobachtet und weiß, was ich tue. Darüber muss ich heute noch manchmal etwas schmunzeln. Vor allem, wenn ich bedenke, dass mir schon im frühesten Kindesalter schnell klar wurde, dass sich die Dinge alle ganz anders verhalten – anders, als uns meist von Kindesbeinen an gelehrt und beigebracht wird. Ich denke nicht, dass es schlecht ist, was wir gelehrt bekommen, aber zu alledem werde ich mich noch eingehender in späteren Kapiteln äußern. Meine Kindheit verlief jedenfalls sehr schwierig, was die gesundheitlichen Aspekte betrifft, und ich kann mich nur an wenige Zeiträume erinnern, in denen ich gesund war. Bedingt durch eine immerwährende Infekt-Anfälligkeit, verbrachte ich die meiste Zeit zu Hause. Freunde hatte ich die ersten Jahre nur wenige bei mir zu Hause, da ich immer aufpassen musste, dass niemand, der mich besuchte, krank war oder gar einen Schnupfen hatte. Man könnte jetzt meinen, dass ich eine sehr einsame Kindheit gehabt haben musste. Aber nein, ganz im Gegenteil! Ich war ein absolut glückliches, kleines Mädchen. Ich wuchs in einem sehr liebevollen Elternhaus auf, meine Eltern ließen mir alle Liebe zukommen, die sie nur geben konnten. Und allein war ich nie wirklich. Ich weiß noch, dass meine Mutter mich oft, während sie ihre Ausbildung zur Heilpraktikerin machte und zu Hause lernte, ohne Probleme lange im Laufstall sitzen lassen konnte und ich mich immerwährend mit mir selbst beschäftigt habe. Heute kann ich mich nur zu gut an all die Zeit zurückerinnern. Ich sah oft kleine Naturgeister, Elfen und sprach mit ihnen. Meine Eltern lachten immer und meinten: »Ach die Tanja redet wieder mal mit sich selbst!« Und viele würden nun sicherlich sagen, das wären eben kindliche Fantasien. Aber nein, das war es ganz und gar nicht, ganz im Gegenteil. Ich habe schon damals Dinge wahrnehmen können, die leider die Erwachsenen nicht gesehen haben, und das sehr lange sogar. Es gab nicht einen Tag, an den ich zurückdenke und mich einsam oder allein gefühlt hatte. Ich wusste ja, (da ich sie wahrnehmen konnte), dass immer jemand da war. Alleine schon die unzähligen Male, als mich mein Schutzengel beschützte und begleitete. Und es ist wirklich wunderschön, wenn man die Gabe hat, diese Dinge wahrzunehmen. Wobei ich weiß, dass alle Kinder (gerade noch die ganz Kleinen) diesen Zugang noch haben. Das liegt daran, dass sie noch nicht so lange auf dem Planeten Erde zurück sind und noch den Blick zum anderen Sein haben. Meist sehen sie noch die Aura und können andere Wesenheiten wahrnehmen. Deshalb sollte auch jedes Elternteil darum bemüht sein, seinem Kind genügend Aufmerksamkeit zu schenken und zu beobachten, wie es sich in manchen Situationen verhält, oder wie es auf verschiedene Personen und Dinge reagiert. Ich hätte mir oft gewünscht, dass meine Eltern nicht so leichtfertig gesagt hätten »Ach, spricht sie wieder mit sich selbst oder mit ihren imaginären Freunden«. Aber ich habe schnell gemerkt, es würde nichts bringen, ihnen zu erklären, ob und was ich bemerkte, da sie einfach nicht das wahrgenommen haben, was ich sah. Die Sache mit dem Christkind fand ich auch nicht so toll. So schön es einerseits ist, wenn einem die Eltern sagen, dass am Heiligabend das Christkind kommt und sie sich dann Einiges einfallen lassen, um die Kinder zu überraschen, beginnt hier allerdings schon ein gewisser Vertrauensbruch zwischen Eltern und Kind, sobald die Wahrheit ans Licht kommt. Es war zwar damals in meinen Augen alles irgendwie ganz nett und schön, aber irgendwas passte mir etwas an dieser Geschichte so gar nicht. Ich konnte mir einfach nicht vorstellen, dass sich das Christkind mir nicht auch zeigen würde, ich habe doch schließlich die anderen Dinge auch bemerkt. Wieso also ausgerechnet, dass Christkind nicht? Also beschloss ich, so zu tun, als würde ich Mamas Zigaretten holen und blickte heimlich durchs Schlüsselloch und sah meine Eltern, wie sie die Geschenke unterm Baum verteilten. Ich war sehr enttäuscht, als ich das beobachtete, und zwar nicht, weil es das Christkind nicht gab, sondern viel mehr wegen der Tatsache, dass sie mir etwas vormachten. So wartete ich, bis sie fertig waren, ging wieder mit den Zigaretten hinein und meine Eltern riefen wie immer: »Schau dir das an Tanja, das Christkind war grad da, du warst zu langsam, es flog grad bei der Türe hinaus.« Ich spielte ihr Schauspiel mit und ließ mir nichts anmerken. Allerdings begannen da für mich die ersten, zwar gut gemeinten, aber einprägsamen Lügen dieser Welt. Und da fragte ich mich bereits, wieso einem die Erwachsenen solche Dinge vorgaukeln und von Wesen sprachen, die es nicht gab, aber andererseits die Anderen, die es gab, nicht anerkennen wollten. Das machte mich schon sehr traurig und ich dachte zu dieser Zeit bereits über vieles nach. Als ich ungefähr fünf Jahre alt war, begann ich, mir selbst das Lesen beizubringen. Ich wollte es unbedingt können! Meine Eltern lasen mir abwechselnd, jeden Abend, aus verschiedenen Kinderbüchern vor, oftmals auf meinen Wunsch hin eine Geschichte sogar mehrmals, wenn sie mir besonders gut gefiel. So nahm ich eines Abends mein Lieblingsbuch zur Hand. Ich weiß nur noch zu gut, welches es war! Es handelte sich um das ›Traumfresserchen‹ von Michael Ende. Ich kannte die Geschichte damals in- und auswendig, dadurch habe ich Stück für Stück begonnen, (da ich die Buchstaben ja kannte) lesen zu üben. So nahm ich dann auch an weiteren Tagen andere Bücher zur Hand und habe es tatsächlich geschafft, mir selbst das Lesen beizubringen. Daraufhin habe ich auch, teilweise mit Unterstützung meiner Mama, das Schreiben gelernt. Dadurch konnte ich schon weit vor Schulbeginn recht gut lesen und auch sehenswert schreiben. Ich halte mich selbst deswegen nicht für überdurchschnittlich intelligent, jedoch war mein Interesse so groß, dass es für mich einfach leicht war, dies zu lernen. Als ich dann lesen konnte, verschlang ich die Bücher regelrecht vor Begeisterung! Auch viele andere Dinge wie Technik, Töne, Klänge, Farben und Formen begeisterten mich enorm. Ich stellte zu dieser Zeit den Fernseher und die Sender zu Hause ein, bediente problemlos den Atari sowie andere technische Geräte und mein Vater staunte nur. Ich war damals auch gerade mal fünf Jahre alt, und alles, was mich interessierte, fiel mir einfach unendlich leicht – als hätte ich nie etwas anderes getan! Die Liebe zu den Tieren und der Natur war auch immer wahnsinnig intensiv und stark ausgeprägt. Ganz besonders Pferde und Delfine haben einen Platz in meinem Herzen, wobei ich alle anderen Lebewesen mindestens genauso liebhabe. Nur bei den Delfinen wusste ich damals schon, dass es ganz weise und alte Seelen sind und sie eine sehr hohe Verbindung zur Göttlichkeit haben. Ich verbinde Delfine auch mit der Herkunft mehrerer meiner Inkarnationen. Sie sind für mich sozusagen ein Stück Verbindung zu meinen tiefgründigen Wurzeln. Und die lieben Pferde – nun ich weiß, dass ich einige Leben hier auf Erden hatte, wo auch sie meine treuen Begleiter waren. So auch mein Krafttier, welches an meiner Seite steht und ebenfalls ein Pferd ist. Ich durfte es schon mehrmals mit meinem geistigen Auge sehen. Daher hatte ich wohl als Kind schon eine so starke Verbindung zu ihnen. Immer, wenn ich Flipper oder Mister Ed im Fernsehen sah, ging mein kleines Herz auf. Es kam mir einfach so unendlich vertraut vor. Mit Tieren konnte ich generell gut kommunizieren und auf mich ging auch immer gleich jedes Lebewesen zu. Ich hatte noch nie das Erlebnis, von einem fremden Hund gebissen oder gar angegriffen zu werden. Ich kann mich noch an spätere Jahre erinnern, als einmal ein großer Berner Sennenhund auf mich zulief mit voller Kraft, hochsprang und ich dachte: »So, jetzt haut er dich um und du fliegst.« Aber nein, der Hund verlagerte sein ganzes Gewicht auf seine Hinterpfoten, stellte seine beiden Vorderpfoten auf meinen Schultern ab, schleckte mir einmal quer übers Gesicht und sprang ab. Das war unglaublich lieb! Er wusste genau, was mit seinem Körpergewicht zu tun war. Und so erging es mir immer mit den Tieren; sie wussten bei mir genau wie weit sie gehen durften. Ich konnte mit ihnen teilweise regelrecht kommunizieren und sie antworteten mir. Das alles war einfach wie selbstverständlich, als wäre es ganz normal. Zumindest empfand ich es als Kind so! Mit sechs Jahren bekam ich dann selber einen kleinen Hund geschenkt. Er hieß Cherry und er war mein kleiner treuer Begleiter. Wir hatten irgendwie eine recht sonderliche Verbindung zueinander und an ihn denk ich heute noch sehr gerne zurück. Er war schon ein ganz besonderes, kleines Hündchen und wir haben ihn alle sehr geliebt. Als ich mit sechs Jahren oft noch sehr schwer krank war, habe ich teilweise tagelang kaum bis gar nichts gegessen. Meine Eltern hatten viel Angst um mich, da ich einfach nichts zu mir nehmen wollte, bis auf etwas zu trinken und das oft auch nur mit Müh und Not. Zu dieser Zeit kam uns auch öfter ein guter Bekannter der Familie besuchen. Ich kann mich noch gut an ihn erinnern. Er war Astrologe und überhaupt ein sehr weiser alter Mann. Er sprach damals mit meiner Mutter und erklärte ihr, sie brauche sich um mich nicht groß zu sorgen; ich gehe meinen Weg und würde ein hohes Alter erreichen, zudem beziehe ich über 80 % der Energie direkt aus dem Kosmos und daher macht es nicht viel, wenn ich mal ein paar Tage weniger essen würde. Und ich kann ihm heute im Nachhinein nur mehr als recht geben, denn ich hatte als Kind trotz der vielen häufigen Erkrankungen und Lungenentzündungen, ein unglaublich hohes Maß an Energie. Ich habe zwar bei den Infekten schwer gelitten, da der Husten sehr grausam war und mein ganzer Körper teilweise stark schmerzte. Jedoch hatte ich einen unglaublich eisernen Willen gehabt, das alles durchzustehen. Das Problem als Kind war am meisten, dass die Ärzte mich damals mit Antibiotika vollpumpten. Das Resultat daraus war, dass mein Immunsystem komplett lahmgelegt wurde. Wie schon anfangs beschrieben, wurde ich immer infektanfälliger und das entstand nur dadurch, weil man meinen Organismus regelrecht vergiftet hatte. So begann meine Mama, damals als ich noch ein kleines Kind war, eine Ausbildung zur Heilpraktikerin zu machen, um mir helfen zu können. Mein Kinderarzt meinte einmal zu ihr, dass ich es ein paar Mal irgendwie schaffen müsste, eine Bronchitis ohne Antibiotikum durchzustehen, damit der Organismus wieder eine Chance bekäme, sich zu regenerieren. Also setzte sich meine Mutter das zum Ziel. Der beste Weg, dies auf natürliche Weise zu schaffen, war ihrer Meinung nach, diese Ausbildung. Schon im Jugendalter hatte auch sie einen starken Draht zur Spiritualität. Das lag bei uns sozusagen in der Familie. Die Oma war ebenfalls ein sehr feinfühliger und sensibler Mensch mit einem tiefen Glauben zu Gott und meine Mutter tat es ihr gleich. Sie fing mit 16 Jahren bereits an, Karten zu legen und wenige Zeit später auch Lebensberatungen und Astrologie zu machen. So hatte sie schon für sich eine gute Grundbasis für den weiten Weg als Naturheilpraktikerin geschaffen. Ich kann mich nur zu gut daran erinnern, wie viel Zeit sie nebenher damit verbrachte, zu lernen. Tag und Nacht blieb sie wach, kümmerte sich um mich, wenn ich schwer krank war und paukte nebenher den ganzen Schulstoff in sich hinein. Ich habe heute noch eine Hochachtung vor ihrer Leistung und liebevollen Aufopferung mir gegenüber. Mit 6 Jahren war es dann endlich so weit: Ich wurde eingeschult. Ich habe mich wahnsinnig auf die Schule gefreut und als es dann endlich so weit war, war ich unglaublich glücklich über diesen Moment. Jedoch sollte die Freude nicht lange anhalten. Ich wurde nach schon knapp einer Woche krank und musste wieder wochenlang zu Hause bleiben. Das Ganze mit der Schule ging natürlich nicht lange gut, wie du dir sicherlich denken kannst. Zuerst lernte man in den langen Fehlzeiten, die ich hatte, viel mit mir, aber das reichte natürlich nicht auf Dauer aus, um die Schule zu ersetzen. Deshalb begann meine Mutter sich dafür einzusetzen, dass die Schule es mir ermöglichte, Hausunterricht zu bekommen, was sie dann auch letzten Endes durchsetzen konnte und ich (soweit mir bekannt ist), eines der ersten Kinder in Deutschland war, das Hausunterricht bekam. Es gab auch einige Zeit später (ab meinem elften Lebensjahr) im bayrischen Rundfunkfernsehen einen kleineren Bericht über mich und meinen damaligen Hauslehrer. Der Hausunterricht als solcher war definitiv sehr gut und hilfreich und ich bin froh, dass mir diese Möglichkeiten dann auch gewährt wurden. Allerdings war es auch gleichermaßen schlimm für mich, zumal ich ein sehr kommunikatives und wissbegieriges kleines Mädchen war, welches einfach unwahrscheinlich gerne die Schule regelmäßig besuchen wollte. Ich fand es einfach toll, in die Schule zu gehen, Gleichgesinnte zu treffen und miteinander zu lernen. Zudem kam ich im Hausunterricht definitiv für meine Verhältnisse zu kurz, ich war regelrecht unterfordert. Oftmals war ich auch sehr unkonzentriert und guckte lieber zum Fenster hinaus, während der Lehrer mir etwas erklärte. Manche Themen haben mich gar nicht wirklich interessiert und ich stellte mir dann immer wieder (auch laut meinen Lehrern) die Frage: »Wofür muss ich das wissen? Wem bringt das etwas?« Gerade später in Geschichte (obwohl mich dieses Fach als solches sehr interessierte) kamen immer wieder Dinge vor, die mir einfach mehr als frag- und unglaubwürdig erschienen. Gerade, wenn es um die Zeit der Pyramiden ging und überhaupt die Entstehung der Menschheit. Genauso auch, als es hieß, der Mensch stamme vom Affen ab. Also bei aller Liebe, dachte ich mir, aber das glaubt ihr doch wohl selbst nicht. Wenn ich nur an diese riesigen Monumente von Pyramiden oder die Sphinx denke. Dafür konnte doch der Mensch nicht alleine verantwortlich sein! So ein Schwachsinn! Und dann noch die kosmische Ausrichtung mit den Sternen und Planeten. Ich muss heute noch schmunzeln, wenn ich zurückdenke und mich wieder daran erinnere, was damals alles schon in meinem Inneren vorging und ich mich zu dieser Zeit geistig mit diesen Themen befasste. Das hat mich letztlich dann auch in späteren Jahren dazu bewegt, all diese Sachen infrage zu stellen und herauszufinden, was davon überhaupt mit meinem Innersten stimmig ist und was nicht, eben, weil mir der Schulstoff ganz und gar nicht ausreichte, geschweige denn glaubwürdig erschien. Viele Informationen wurden mir zugetragen und andere Erkenntnis hatte ich durch bestimmte Erlebnisse oder gar Visionen. Davon jedoch später mehr. Jetzt möchte ich doch noch einige sehr tragende Erlebnisse meiner frühen Kindheit berichten.

Schon als Baby hatte ich immer ein Lächeln auf den Lippen.

Lachen war bei mir an der Tagesordnung, egal wie oft ich krank war.

Trotz Handicap war ich immer ein lebensfrohes kleines Mädchen.

KAPITEL 2

Das Jahr 1992

Das war für mich persönlich als Kind ein sehr schicksalhaftes Jahr, in dem die wohl prägendsten Ereignisse meines Lebens stattfanden. Alles begann damit, dass mein Opa gleich im Januar des benannten Jahres verstorben ist. Er war schwer krank und hatte Krebs im Endstadium. Meine Eltern und ich waren damals noch in München wohnhaft und die Eltern meiner Mutter in Landshut. Meine Großeltern kamen uns recht häufig besuchen und ich war der kleine Liebling von meinem Opa, so, wie auch er mein Lieblingsgroßvater war und wir eine unglaublich gute und herzliche Verbindung zueinander hatten. Damals war meine Mutter mit ihrer Heilpraktiker-Ausbildung gerade fertig geworden und mein Opa wollte sich unbedingt (auch wenn er selber genau wusste, dass keiner ihm noch im Endstadium helfen konnte), von meiner Mama behandeln lassen, nur um einfach das Gefühl zu haben, noch etwas zu tun und den Sterbeprozess vielleicht noch etwas zu erleichtern. Mir war zu dieser Zeit schon klar, dass der Opa schwer krank war und irgendwann gehen müsse, jedoch habe ich das damals alles nicht so schlimm gesehen, daher hat es mich auch als Kind nicht wirklich belastet. Ich weiß noch, wenige Wochen zuvor, am letzten Heiligabend, den wir mit Opa verbrachten, ging es ihm schlagartig richtig gut. Er aß an diesem Abend sehr viel und strahlte richtig. Heute weiß ich, das war noch mal das letzte Aufbäumen kurz vorm Ende, wenn die Seele langsam beginnt, sich stückweise vom Körper zu trennen. In der Nacht, als Opa ging, sah ich ihn in meinen Träumen. Ich sah, wie er einen Berg entlang nach oben fuhr. Er fuhr mit einem kleinen Auto die Straße entlang, welche keine Planken oder dergleichen hatte und plötzlich, als eine Kurve kam, stürzte er samt Auto den Hang hinab. Da ich alles aus der Vogelperspektive überblickte, sah ich, wie das Auto in ein tiefes, schwarzes Loch hinabfiel. Es war alles ganz still und ich sah plötzlich in diesem riesigen, großen schwarzen Tief, Opas Gesicht vor mir, welches das Loch fast komplett ausfüllte. Er sah mich an und fing an, mit mir zu reden. Er erklärte mir, dass es nun Zeit wäre für ihn, zu gehen. Ich solle nicht traurig sein, er wäre nicht wirklich weg, würde weiterhin mit mir in Kontakt bleiben und dann verabschiedete er sich von mir. Während er diese Worte mir geistig mitteilte, entfernte sich sein Gesicht immer mehr. Es wurde im Dunkeln immer kleiner und war schließlich fort. Ich fiel aus dem Bett und schrie und weinte ganz bitterlich. Das alles war am frühen Morgen passiert und meine Eltern stürmten gleich ins Zimmer, um nachzusehen, was passiert war. Ich war nur schwer zu beruhigen und sagte immer wieder, der Opa sei gestorben. Kurz darauf kam der Anruf meiner Tante, mit der Meldung, der Vati wäre tot. Ich war also wirklich in dem Augenblick seines Sterbeprozesses eins zu eins mit ihm verbunden gewesen und er hatte sich bei mir im Traum verabschiedet. Das war ein sehr heftiges Erlebnis für mich als Kind und sicherlich auch für meine Eltern unvergesslich. Es war im Übrigen auch einer der ersten meiner damaligen Träume, in welchem sich Verstorbene zeigten und mit mir kommunizierten. Die Geschichte mit meinem Opa ist aber an dieser Stelle noch nicht vorbei; im Grunde beginnt sie jetzt erst wirklich. Es vergingen somit an diesem Morgen einige Stunden und es war (wie man sich sicherlich vorstellen kann) das reinste Chaos. Verwandte und Bekannte gaben ihr Mitgefühl kund und es wurde alles Weitere zwecks Bestattung und Termin geregelt. Gegen Mittag (wir wohnten damals in einem Miethaus in München) kam plötzlich in der Mitte vom großen Flur, Wasser von der Decke. Meine Mutter rief sofort den damaligen Hausherren an und informierte ihn über den Vorfall. Er teilte uns mit, dass er Handwerker losschicken würde, um der Ursache auf den Grund zu gehen und den Schaden zu beheben. Währenddessen stellten wir im ganzen Gang überall Eimer auf, um das Wasser aufzufangen und Schlimmeres zu verhindern. Relativ bald erreichten uns auch schon die Handwerker und verbrachten den ganzen Tag in den oberen Stockwerken. Gegen frühen Abend traf dann auch der Hausverwalter ein und blieb noch einige Zeit mit den Handwerkern im ersten Stock oben. Später kamen alle geschlossen herunter, riefen nach meinen Eltern und sie unterhielten sich im Gang über den Schaden. Ich weiß das noch alles sehr genau, da ich damals auch danebenstand und zuhörte. Der Hausverwalter meinte zu meinen Eltern, weniger belustigt, dass sie nun oben mit sämtlichen Geräten versucht hätten herauszufinden, wo das Wasser herkäme, aber sie der Ursache bisher nicht auf den Grund kamen. Er verstünde es einfach nicht und fragte mit leichtem Stirnrunzeln meine Eltern, ob sie denn Kobolde im Haus hätten. Meine Eltern schauten etwas perplex und sie verblieben erstmals mit dem Hausverwalter so, dass sie abwarten würden, was passiert und sich gegebenenfalls wieder melden würden, falls das Wasserproblem noch einige Tage weiter anhalten sollte. Meine Eltern schauten sich beide stirnrunzelnd an und fragten sich, was da los wäre. Doch fanden sie zu diesem Moment noch keine wirkliche Antwort darauf. An demselben Abend saß ich noch kurz bei meiner Mutter in der Küche, sie spülte ab und ich sah ihr noch etwas zu, bevor ich ins Bett ging. Als ich wenig später im Bett lag und noch etwas las, hörte ich auf einmal einen lauten, ziemlich dumpfen Knall und einen lauten, erschrockenen Schrei meiner Mutter. Ich sprang aus dem Bett, lief die Treppen hinunter in die Küche. Da stand meine Mutter regelrecht kreidebleich vor Schreck am Spülbecken mit triefend nassen Händen. Mein Vater war bereits auch in der Küche und hielt die große, sehr schwere Wanduhr in seinen Händen. Er legte sie langsam auf den Küchentisch ab, ging zur Wand und sah sich alles genau an. Ich fragte völlig entgeistert, was denn passiert sei. Meine Mutter meinte zu uns immer noch etwas perplex von dem, was gerade passiert war, dass sie gerade während des Abspülens an ihren Vater dachte und da hätte es hinter ihr plötzlich diesen schrecklichen Knall gegeben und die Uhr sei von der Wand gefallen. Mein

Vater schüttelte den Kopf und sagte zu ihr völlig verständnislos, dass er das nicht verstehe, wie das sein könne, dass die einfach so herunterfällt. Die Uhr ist gute fünf Kilogramm schwer und fest an der Wand an einem Widerhaken befestigt. Es bedarf schon einiges an Kraft und Zutun, um diese überhaupt aus dem Haken herauszuheben. Und das Erstaunlichste an dem Ganzen war vor allem, dass der Widerhaken in keiner Weise locker oder gar verbogen war. Er steckte fest verankert, wie zuvor, in der Wand. Meinen Eltern war an diesem Abend schon etwas mulmig zumute, wie du dir sicher vorstellen kannst. An den darauffolgenden Tagen passierten noch so einige merkwürdige Dinge. Es fing richtig an zu spuken, könnte man sagen, und es war ziemlich schnell klar, dass das mit Opa zu tun haben musste. Da auch zu dieser Zeit bei meiner Oma Einiges vor sich ging, entschieden Mama und sie gemeinsam zum Tonbandstimmenverein in München zu gehen. Sie erhielten, glaube ich, noch vor der Beerdigung einen Termin dort und was sich vor Ort ereignete, wurde mir einige Zeit danach noch oft von meiner Mutter erzählt. Sie waren damals dort und versuchten Kontakt zu meinem Opa herzustellen. Es musste wohl nicht lange gedauert haben und man nahm eine verzerrte Männerstimme wahr. Diese teilte immer wieder mit, es sei so schrecklich kalt und dunkel. Es täte ihm alles so schrecklich leid und er könne nicht ins Licht gehen, solange ihm die Mutti nicht verzeihen würde. Damals noch zu Lebzeiten, benannte mein Opa die Oma immer mit Mutti. Daher war es offensichtlich, dass es sich bei dieser Stimme tatsächlich um meinen Opa handelte. Die Nacht zuvor hatte meine Oma ihn im Traum noch mit einem Sack über den Kopf gestülpt gesehen. Und heute noch muss ich an die Nacht denken, in der er verstarb. Da sah ich ihn ja (wie schon zuvor beschrieben) in ein tiefes, schwarzes Loch fallen. Heute verstehe ich noch viel mehr, wieso ich das damals so wahrnahm im Traum. Er wollte zu dieser Zeit tatsächlich nicht loslassen von dieser Welt, und vor schlechtem Gewissen und wohl auch entsprechendem Karma (welches er angesammelt hatte), hatte er sich in die Dunkelheit begeben. Er wollte damals, als es bei uns, wie auch bei meiner Oma, gespenstisch rund ging, auf sich aufmerksam machen und bat sozusagen um Hilfe und Verzeihung. Nun, meine Oma betete an den darauffolgenden Tagen viel, dann war die Beerdigung und kurz darauf hörte der Spuk bei uns allen auf und es kehrte wieder Frieden ein. Mein Opa konnte sich ins Licht begeben. Das war sehr beruhigend und wir waren alle sehr glücklich darüber. Es waren wohl zu Lebzeiten noch einige, sehr grausame Dinge vorgefallen, die er vor allem meiner Oma antat, was ich dann erst Jahre später alles genauer erfuhr. Durch all diese Missetaten war es für seine Seele unmöglich, Frieden zu finden, bis ihm nicht ehrlich verziehen wurde. Nach diesem Vorfall mit meinem Opa hat sich wirklich alles verändert! Ich nahm zu dieser Zeit irgendwie immer mehr Dinge wahr und der Draht zum Jenseits wurde immer intensiver, auf eine bestimmte Art und Weise. Ich weiß nur noch zu gut, wie ich mich einmal furchtbar erschrocken habe, als ich mich eines späten Abends heimlich die Treppen hinunterschlich, um noch Fernsehen zu schauen. Meine Eltern haben schon längst geschlafen und würden es sicherlich nicht weiter mitbekommen, dachte ich. So saß ich gemütlich auf den bequemen, grünen Sessel, nahm die Fernbedienung zur Hand und wollte einschalten. Bevor ich allerdings den Knopf betätigte, ging plötzlich wie von Geisterhand die Stereoanlage meiner Eltern an. Es war ziemlich laut und rauschte ganz schrecklich vor sich hin. Vor lauter Schreck (ich war zu dieser Zeit gerade mal 8 Jahre alt) saß ich wie angewurzelt auf meinem Platz und starrte zur Anlage vor. Dann drehte ich mich links und rechts zu den Lehnen, um zu schauen, ob dort die Fernbedienung der Anlage lag. Ich guckte noch einmal ganz genau, ob ich mich nicht vielleicht aus Versehen daraufgesetzt hatte. Aber nein, sie lag nicht in nächster Umgebung. Irgendwann konnte ich mich dazu durchringen, nachzuschauen, wo sie denn lag, um die Anlage mittels der Fernbedienung auszumachen. Ich sah das Schaltgerät dann vorne am Tisch liegen, nahm es zur Hand und drückte den roten Knopf. Jedoch passierte nichts ... Ich drückte noch einmal ... Wieder nichts! Ich verstand es nicht, also dachte ich, die Batterie wäre leer und ich ging ganz nach vorne, um die Stereoanlage manuell zu bedienen. Ich drückte dort auf den großen Ausschaltknopf. Wieder nichts! Das Ding rauschte kräftig und laut weiter. Nachdem ich immer wieder wie eine Verrückte auf den Knopf drückte und das Ding einfach nicht ausgehen wollte, bekam ich es richtig mit der Angst zu tun. Mit letzter Hoffnung dachte ich mir: »Gut, dann ziehst du einfach den Stecker heraus!« Ich krabbelte vor zur Verteilerdose und wollte das Kabel herausziehen und dann traf mich fast der Schlag, als ich sah, dass die Anlage überhaupt nicht am Strom angesteckt war. Zu allem Übel kamen plötzlich ganz seltsame, dumpfe Geräusche aus den Lautsprechern und es hörte sich fast so an, als würde jemand etwas sagen. Ich glaub, so schnell bin ich noch nie vor etwas weggelaufen, vor lauter Angst und Schrecken. Ich stürmte vor lauter Panik die Treppen hinauf, in mein Zimmer und kroch fluchtartig unter die Decke. Ich zitterte am ganzen Körper wie Espenlaub. Irgendwann schlief ich dann wohl vor lauter Erschöpfung im Bett ein. Das war damals für mich das letzte Mal, dass ich mich nachts ins Wohnzimmer geschlichen habe. Meinen Eltern habe ich natürlich von diesem Vorfall nichts erzählt. Erstens hätte ich sicherlich eine Menge Ärger bekommen, wenn sie gewusst hätten, dass ich mich abends heimlich zum Fernsehschauen ins Wohnzimmer schlich. Zweitens, wer weiß, ob sie es nicht einfach als Blödsinn oder Unfug abgetan hätten. Aber ich weiß, was ich in dieser Nacht erlebt habe, und das war keine Einbildung oder gar kindliche Fantasie. Nur leider wird dies eben oft von den Erwachsenen als Blödsinn abgetan. Ich finde es sehr schade, dass man Kindern nicht mehr Gehör schenkt oder ihnen, wenn man es schon nicht verstehen kann, wenigstens zuhört und versucht, es zu verstehen. Dann wäre doch so manches Vertrauensverhältnis zwischen Kind und Elternteil um ein Vielfaches größer und die Kinder würden ihren Eltern viel mehr anvertrauen, weil sie wüssten, sie könnten es, wenn sie wollten. Obwohl meine Mutter eine spirituelle Frau ist und doch sehr weit in ihrer Entwicklung, konnte selbst sie es nicht nachvollziehen, was ich schon als Kind wahrnahm, bis sich auch für sie alles verändern sollte, im selben Jahre 1992. Wie gesagt, es war definitiv eines unser aller Schicksalsjahre, was noch im Großen und Ganzen die ganze Familie mit der Zeit betreffen sollte. Es ereignete sich alles eines Abends im frühen Herbst. Meine Mutter saß, wie schon so oft, in ihrer Küche und schrieb für den nächsten Tag einen Einkaufszettel. Ich beschreibe jetzt alles genauso, wie es damals passiert war. Da ich die genauen Angaben von meiner Mama habe, ist es somit kein Problem für mich, alles detailgenau zu erläutern. Wie sie nun so da saß und überlegte, was es alles als Lebensmittel einzukaufen galt, begann sich plötzlich ihre Hand von ganz alleine zu bewegen. Meine Mutter zuckte vor Schreck zurück und im gleichen Atemzug warf sie den Kugelschreiber über den Tisch. Für wenige Minuten war sie völlig von der Rolle und verinnerlichte sich diese außerordentliche Situation, welche sie zuvor noch nie erlebt hatte. Den Stift nahm sie daraufhin an diesem Abend nicht noch einmal zur Hand. Sie versuchte, sich abzulenken und ging am nächsten Tag unverrichteter Dinge mit meinem Vater einkaufen. Einige Tage später saß sie wie gewohnt abends allein in der Küche und hatte sich ein paar Notizen für die Arbeit gemacht. Wie von Geisterhand verselbstständigte sich ihre Hand erneut. Wieder erschrocken und kurz davor, den Stift erneut ins Eck zu donnern, versuchte meine Mama, so aufgeregt sie war, trotzdem abzuwarten, was passieren würde. Ihre Hand bewegte sich zunächst sehr langsam. Sie verfolgte aufgeregt und gespannt zugleich den Verlauf, der vor sich ging. Es begann zuerst mit sehr seltsamen Schriftzügen, beinahe schon hieroglyphenartig, könnte man so sagen. Komische Zeichen und Muster bildeten sich vor den Augen meiner Mutter! Sie kannte diese nicht und konnte damit rein gar nichts anfangen. Es wiederholte sich immer wieder die Zahl 8 im Schriftverlauf, allerdings nicht so wie üblich in senkrechter Form, sondern waagrecht. In späteren Wochen und Monaten sollten dann auch die Symbole und Schriftzüge genauer erklärt werden, aber jetzt noch weiter zu dem besagten Ablauf mit der sich verselbstständigten Hand. Mir ist es sehr wichtig, hier zu erklären, dass meine Mutter dies alles nicht von sich aus geschrieben hatte. Es floss sozusagen durch sie hindurch und sie wurde als Medium zum Channeln benutzt, was sie damals allerdings noch nicht gleich wusste und verstand. An den darauffolgenden Tagen kristallisierten sich ganze Textpassagen in Englisch. Hierbei möchte ich noch erwähnen, dass meine Mama kaum über Englischkenntnisse verfügte und diese sogar heute noch nicht wirklich in Wort und Schrift beherrscht. Alles war in dritter Form in den Texten ausgeschrieben. Also wie zum Beispiel: ›One Henrietta‹ (so ist der Name meiner Mutter) oder ›The Henrietta‹. Nach einiger Zeit des Channelns stellte sich das Wesen auch mit vollem Namen bei ihr vor. Da ich an dieser Stelle meiner Mama versprochen habe, den Namen nicht voll bekannt zu geben und ich dies voll und ganz respektiere, haben wir uns darauf geeinigt, den Namen zu verwenden, mit dem wir ihn (es handelt sich hierbei um ein männliches Wesen) in späteren jahrelangen Channelings ansprachen.

KAPITEL 3
Wir nannten ihn EL

Anfangs, als der Kontakt entstand, musste meine Mutter erst mal lernen, mit all dem umzugehen, was, wie du dir sicherlich vielleicht vorstellen kannst, sich als nicht so einfach herausstellte. Es ist nicht nur so, dass man in diesem Moment eine gewaltige Verantwortung übernimmt, für alles, was in Zusammenhang mit den Aussagen des Wesens steht, sondern man lässt es auch zu, dass ein im Grunde fremdes Wesen, welches nicht sichtbar ist, sich des eigenen Körpers für die Zeit des Kontaktes teilweise bevollmächtigt und man selbst dabei keine wirkliche Kontrolle mehr über den Vorgang hat. Es bedarf schon einer Menge Gottvertrauen, welches man letztlich auch erst mit der Zeit entwickelt, wie es im Falle meiner Mutter war. Sie wurde ja im Grunde vor vollendete Tatsachen gestellt und hat es sich zumindest nicht bewusst im damaligen Moment ausgesucht. Sie wurde viel mehr ausgesucht, wobei das auch, wie alles im Leben seine Gründe und seine gute Berechtigung hatte. Im Verlauf der Zeit wurde sehr schnell klar, wieso der Kontakt zu ihr aufgebaut wurde und in welcher geistigen Verbindung sie und das Wesen miteinander standen. Dazu komme ich aber erst etwas später. Jetzt möchte ich zuerst erzählen, wie es kurz nach der Kontaktaufnahme weiterging. EL hatte nur wenige Tage in Englisch durch sie geschrieben, es ging aber dann schnell ins Deutsche über und die Sätze begannen immer mehr Sinn zu machen. Ich sehe es heute noch vor mir, als wäre es erst gestern gewesen, wie die Hand meiner Mutter förmlich nur noch so über das Papier flog. Alles an Aussagen kam in großen Buchstaben seitenweise durch. Es wurden uns so viele Dinge erklärt, wie sich die Dinge zwischen Himmel und Erde, dem Universum und der Göttlichkeit eigentlich genau verhielten. Er klärte uns über die Unendlichkeit des Seins auf. Die querliegende Acht, welche zu Beginn der Channelings kam, sollte die Unendlichkeit im Ganzen darstellen. Meine Mutter wusste zuvor über all diese Sachen nie wirklich Bescheid. Sie glaubte an Gott und war sich sicher, dass es ein Leben nach dem Tod gäbe, aber richtig aufgeklärt wurden wir erst durch den Kontakt zu EL. Er sagte uns, dass Gott der Allmächtige die höchste Form des Lichtes und der Liebe sei, aus dem wir entstanden sind und dass alles miteinander verbunden wäre. Er machte uns klar, dass alles nur aus Schwingungen und Energien besteht. So gibt es verschiedene Dimensionen und der Mensch befindet sich laut EL derzeit (also damals) in der dritten Dimension. Und alles, was höher schwingt als unsere eigene Energie, wir nicht mehr wahrnehmen können. Man könnte es sich wie bei einem Ventilator vorstellen; wenn er ausgeschaltet ist, sind wir in der Lage die Rotationsblätter zu sehen, schalten wir ihn aber auf Stufe 1, dann können wir die einzelnen Blätter nur noch geringfügig wahrnehmen und je höher wir ihn schalten, desto weniger bis gar nichts sehen wir noch davon. So verhält es sich auch mit Schwingungen und Energien. Strom-, Radio- und TV-Wellen sehen wir auch nicht mit den Augen, doch sind sie da und existent. Nur nehmen wir sie mit unseren Augen nicht wahr, weil wir uns auf einer anderen energetischen Welle befinden. So ist es auch oft mit verschiedenen alltäglichen Sprüchen, die der Mensch sagt, aber sich im Grunde nur selten Gedanken darüber macht, was die wahre Aussage ist, die dahinter steckt, wie z.B. der Spruch: »Du bist nicht auf meiner Wellenlänge!« Was so viel aussagt wie: Der mir gegenübersteht hat eine andere Frequenz als ich. Oder: »Wie man in den Wald rein ruft, so schallt es zurück!« Was letztlich bedeutet, was du aussendest an Energie, fließt zu dir zurück. Also wenn du gute Energien aussendest, kommt eben selbiges auf dich zurück und so verhält es sich natürlich auch mit anderen Formen von Energien oder Gedankenkräften. Alles basiert letztlich auf energetischer Ebene, jedoch nimmt der Mensch dies kaum oder gar nicht wahr. Ein Spruch (den ich an dieser Stelle noch gerne kurz erwähnen möchte), welchen ich oft höre und der völlig falsch interpretiert wird, ist dieser: »Welch ein Zufall es doch ist, dass ich dich hier treffe!« Die meisten Menschen erwidern diesen mit: »Es gibt ja keine Zufälle im Leben.« Ich möchte dir an dieser Stelle mitteilen, dass es die sogenannten ›Zufälle‹ sehr wohl gibt – und wie! In großem Ausmaß gibt es diese sogar und das lässt sich auch mit wenigen Worten erklären, und zwar mit dem Spruch: »Was einem ZU fällt«. Merkst du etwas? Ja, genau, es fällt dir ZU, weil dir die Person vielleicht gerade aus irgendeinem Grund begegnen sollte, oder die Person an dich zuvor schon mal gedacht hat und eure Energien sich möglicherweise so stark gegenseitig angezogen haben, dass ihr euch förmlich begegnen musstet. EL klärte uns auch darüber auf, dass es sogenannte Parallelwelten und Multiversen gäbe. Es gab uns gleichzeitig dieselben Rolle, nur wieder mit anderen Handlungen und Verhaltensweisen etc. Daher stammen auch die sogenannten ›Déjàvu‹-Erlebnisse. Dabei handelt es sich sozusagen um Fehler in der Matrix. Hier kommst du dir plötzlich von einer Sekunde zur nächsten so vor, als wärst du schon einmal in der Situation gewesen, als hättest du zum Beispiel dieses Haus oder einen bestimmten Ort schon einmal gesehen. Dabei ist es auch so! Du kennst den Moment tatsächlich, weil es dich zeitgleich mehrfach in verschiedenen Parallelwelten gibt. Und für einen kurzen Moment reißt es dich innerlich regelrecht und du denkst dir: »Oh mein Gott, das kenne ich doch schon« oder »Ich wusste, dass das jetzt passiert«, wobei diese Dinge, wenn man etwas zuvor schon weiß, auch mit feinfühligen oder hellsichtigen Fähigkeiten zu tun haben können. Da fällt mir übrigens auch ein Erlebnis aus meiner Kindheit ein, als ich so ca. 8 Jahre alt war. Meine Eltern und ich waren an diesem Sonntagabend zuvor noch in der Kirche, kamen zurück von der Messe und richteten gemeinsam die Brotzeit her. Meine Mutter schickte mich nach oben, um unser damaliges Aupair-Mädchen zum Essen zu holen. Ich ging also zu ihr nach oben in den 2. Stock und gab ihr Bescheid, dass das Essen fertig sei. Sie meinte, sie käme bald und ich ging unverrichteter Dinge wieder die Treppen hinunter. Als ich bereits auf der Treppe vom 1. Stock zum Erdgeschoss war, sah ich mich plötzlich sehr schwer die Wendeltreppen hinunterstürzen. In dem Moment griff ich nach dem Treppengeländer, hielt mich fest und trotzdem fiel ich. Dadurch, dass ich den Sturz kurz vorher geistig wahrnahm, konnte ich den Fall mit dem Griff nach dem Geländer weitgehend abfangen und somit Schlimmeres verhindern. Dadurch ist mir nichts Schwereres passiert, außer einer leichten Schürfwunde an der Nase, da ich mit dem Gesicht voran gebremst hatte. Allerdings hatte ich während des Falls eine weitere Wahrnehmung und sah mein gesamtes Leben in Bruchteilen von Sekunden noch mal Revue passieren. Es war alles wie in einem Film, nur rückwärts ablaufend bis zu meiner Geburt. Ich hatte keinerlei Zeitgefühl mehr und sah mein ganzes (wenn auch bis zu diesem Moment noch relativ kurzes) Leben noch mal vor mir im Schnelldurchlauf ablaufen. Dabei haben sich bestimmte Szenen besonders vom Gefühl her, hervorgehoben. Man kann es eigentlich schwer erklären, aber ich bin mir sicher, falls du schon mal etwas Derartiges erlebt haben solltest, wirst du es noch besser verstehen, was ich damit meine. Nun, der liebe EL klärte uns mit den Jahren noch über viele weitere Dinge auf. Ehrlich gesagt waren es unzählige ... Er gab uns mitunter Auskunft über Reinkarnationen, dass man sich die Erde und andere Planeten vorstellen kann, so, wie eine Schule mit verschiedenen Klassenstufen. Wir sind hier, um aus unterschiedlichen Verhaltensmustern lernen zu dürfen und Erfahrungen zu sammeln, die unsere Seele entsprechend weiterwachsen und reifen lassen und man seiner Göttlichkeit damit immer ein Stückchen näherkommt. Jeder Mensch hat ein höheres Bewusstsein, welches einen führt, leitet und unterstützt, so, wie es auch die Engel und geistige Führer bei uns tun. Du siehst also, wir sind nie wirklich allein. Ganz im Gegenteil! Meine Mutter wollte natürlich irgendwann auch wissen, wieso gerade sie diesen Kontakt zu einem solch lichtvollen Wesen bekommen hat. EL erklärte ihr, dass sie es schon vor ihrer Inkarnation als Henrietta vereinbart haben. Er sollte ihr in allererster Linie als geistiger Lehrmeister dienen und sie auf ihrem Lebensweg begleiten und unterstützen. Ein treuer Seelengefährte an ihrer Seite, welcher mit ihr in unterschiedlicher Schwingungsfrequenz in Kontakt steht. Das war und ist er auch noch heute so. Dazu kamen jahrelang viele Durchsagen bezüglich der menschlichen Entwicklung auf der Erde. Er sagte gewisse Ereignisse schon weit vor der Zeit voraus, die auch alle eintrafen. So war dies später auch eine große Unterstützung in gesundheitlichen Belangen. Auch an diesen Stellen wurden genaue Auskünfte gegeben, was größtenteils unsere Familie, Freunde und Verwandte betraf. Er machte immer darauf aufmerksam, wenn es irgendwo ein gesundheitliches Handicap oder dergleichen gab, sodass man entsprechend reagieren konnte. Es gab leider auch einmal im engeren Familienkreis so einen Fall, nämlich den eines Onkels, welcher nach seinem Vater fragte, denn dieser hätte wohl seit einigen Wochen starke Rückenbeschwerden. EL meinte, er sollte dringlich einen Arzt aufsuchen und teilte ihm dann so gut es ging mit, dass sein Vater schwer krebskrank sei, voll mit Metastasen, und bereits im Endstadium. Damals konnte man sich dies nur schwer vorstellen, da sein Vater eigentlich so weit immer recht fit war. Aber die Aussage von EL bewahrheitete sich. Er teilte ihm einige Zeit darauf mit, dass er sich nun langsam von seinem Vater verabschieden sollte, da sich bei diesem bereits drei Lichtwesen befänden, die ihn abholen würden und es sich nun nur noch um wenige Stunden handeln würde. Das war zwar für meinen Onkel im ersten Moment sehr schlimm zu erfahren, aber er hatte dadurch die Möglichkeit bekommen, loszulassen und seinen Vater in Frieden und Liebe gehen zu lassen und sich zu verabschieden. Und so geschah es dann auch. Kurz darauf verließ sein Vater den Körper und ging ins Licht hinüber. Wir erfuhren wenige Zeit darauf, dass dieser wohl noch zu jemanden gesprochen hatte und etwas wahrnahm, bevor er verstarb. Das ist bei den meisten Menschen der Fall, dass sie kurz, bevor der körperliche Sein-Zustand verlassen wird, die Wesen (in der Regel Verwandte und Freunde), welche sie abholen, schon erkennen können. Mir wurde das öfters aus verschiedenen persönlichen Erfahrungsberichten von Leuten, deren Angehörige verstarben und kurz zuvor noch sagten, sie sähen diese oder jene Person, zugetragen. Zudem hatte ich selbst bereits auch eine Nahtoderfahrung. Daher kann ich Äußerungen dieser Art nur bestätigen. Jedoch möchte ich gerne zu diesem Erlebnis im späteren Verlauf meines Buches noch kommen. Beschäftigen wir uns weiter mit verschiedenen, sehr tief greifenden Erlebnissen mit EL und seinen Aussagen und Taten, die er vollbracht hatte. Denn das waren wirklich etliche, wobei ich in meinem Buch nicht auf alle eingehen kann, aber dennoch zumindest ein paar anführen möchte, die ich als besonders wichtig erachte. Wollen wir uns nun noch etwas weiter mit der Entwicklung des Channelings als solches befassen, bevor es ganz ans Eingemachte geht. Das mit dem normalen Schreiben ging noch gut ein Jahr so weiter. Alles war sehr leserlich und wurde noch in verhältnismäßig normalem Tempo geschrieben. Eines Morgens, als meine Mutter das Bad betrat und sich frisch machte, schaute sie in den Spiegel und plötzlich vernahm sie geistig eine dumpfe, dennoch deutlich klare Männerstimme in ihrem Ohr. Sie erschrak sich schrecklich und im selben Moment kamen schon beruhigende Sätze. Sie solle keine Angst haben davor, es wäre nur EL, und sie könne ihn nun endlich auch hören. Sie lerne schnell, hieß es und es sei jetzt an der Zeit intensiver und deutlicher in Kontakt mit ihr zu treten. So sollte es dann auch sein! Ab diesem Tag nahm sie ihn kontinuierlich und zu jedem Moment geistig voll wahr und hörte ihn, wenn er zu ihr sprach. Anfangs war es für meine Mutter mehr als schwer, was ich nur zu gut nachempfinden kann. So schön es sich vielleicht einerseits für den Einen oder Anderen anhören mag, bei der Vorstellung jemanden an seiner Seite zu haben, der einen unterstützt und begleitet auf seinem Weg, ist es dennoch auch irgendwo eine Form von Bürde, da es sehr viel von einem innerlich abverlangt, wie ich durch meine Mutter über die Jahre miterleben musste. Einmal hatte sie zum Beispiel eine Patientin, die in Begleitung ihres Mannes kam. Diese Frau war zuvor bei den unterschiedlichsten Untersuchungen, suchte die verschiedensten Ärzte und Psychiater auf, doch keiner konnte ihr wirklich weiterhelfen. Die letzte Hoffnung war damals für sie meine Mutter als Heilpraktikerin. Die Frau hatte damals epileptisch ähnliche Anfälle, nur dass laut Mediziner keine Epilepsie oder dergleichen festgestellt werden konnte. Tatsache war, dass durch die Hilfe des geistigen Kontaktes zu EL, er ihr mitteilen konnte, dass diese Frau besessen sei. Und zwar schrecklicherweise von ihrem eigenen Vater. Als meine Mutter dies wusste, bekam sie entsprechende Anleitung aus der geistigen Welt und konnte nach wenigen Sitzungen die Frau, von der sich noch festhaltenden Seele ihres Vaters befreien. Ich weiß noch zu gut, wie sie einige Jahre lang regelmäßig zur Weihnachtszeit bei uns vor der Tür stand, mit einem Weihnachtskorb als Geschenk. Sie war meiner Mutter unendlich dankbar für ihre Hilfe und hatte seither nie wieder diese Anfälle. Diese Dinge haben sich mit der Zeit natürlich herumgesprochen und immer mehr Menschen kamen zu ihr, um Hilfe zu erhalten oder um geistige Botschaften von verstorbenen Familienmitgliedern oder der geistigen Welt zu bekommen. Das automatische Schreiben hat sich dann mit den Jahren auch immer mehr verändert und nach nicht allzu langer Zeit war es dann so, dass ihre Hand nur noch so übers Papier schoss. Es waren keine deutlichen Buchstaben mehr zu erkennen und es stellte sich ein, dass durch meine Mutter für die Zeit des Kontaktes gesprochen wurde. Du darfst dir das so vorstellen, dass sie wie in eine Art Volltrance-Zustand fiel. Ihre Augen waren zu und sie bekam nichts mehr mit. Später erzählten wir ihr immer, was durch sie für Informationen kamen. Auch hat sich ihre ganze Mimik und Körperhaltung verändert. Sie nahm teilweise richtig maskuline Gesichtszüge an und manchmal, wenn El durch sie sprach, vergaß man oft, dass es noch meine Mutter war. Du fragst dich nun sicher, wie ich das als Kind empfand. Nun, dazu möchte ich sagen, dass es zu Beginn schon etwas schräg war, da es sich ja dabei um meine Mama handelte. Allerdings, weil ich schon immer diesen sensiblen Draht nach oben hatte, war es für mich auch nichts Außergewöhnliches, sondern irgendwie auf eine gewisse Art und Weise normal. Vor allem hatte ich vor diesem Wesen keinerlei Angst – im Gegenteil. Es war immer eine gewisse Vertrautheit und Geborgenheit da, wenn EL durch meine Mutter sprach. Er strahlte (zusätzlich zu ihrer eigenen, sehr herzlichen Präsenz) eine unglaublich angenehme Wärme und Liebe durch sie aus. Einfach wundervoll! Man konnte sich nur wohlfühlen dabei! Die zwölf Jahre mit den Erfahrungen und Erlebnissen durch und mit EL waren einfach etwas ganz Besonderes und wir würden sie nie missen wollen, denn durch ihn haben wir alle sehr viel gelernt. Die Zeit mit diesem wunderbaren Wesen hat uns viele wichtige Erkenntnisse hinterlassen und all die Menschen, die mit ihm in Berührung kamen, denken heute noch gerne mit Freuden und Dankbarkeit an all das zurück. Seit nun gut 8 Jahren channelt meine Mutter nicht mehr aktiv. Der Kontakt als solcher besteht jedoch nach wie vor, nur auf einer anderen Ebene. Es gab in den zwölf Jahren eine spezielle Phase, die wir mit EL erlebten und diese sollte wohl auch die außergewöhnlichste Zeit sein, die wir je mit ihm hatten. Dazu komme ich aber in einem späteren Kapitel. Ich möchte noch gerne ein wenig mehr über meine kindlichen Erlebnisse in chronologischer Reihenfolge erzählen.

KAPITEL 4
Veränderungen

Als ich ca. 9 Jahre alt war, wurde ich, wie üblich, wieder einmal ziemlich schwer krank. Ich musste von meinen Eltern ins Krankenhaus gebracht werden, da mich eine schwere Lungenentzündung ereilte. Es ging mir mehr als schlecht, mein Fieber stieg bis ins Uferlose und ich hustete wie verrückt. Die Ärzte waren wieder im Begriff, mir Antibiotika geben zu wollen. Doch diesmal griff meine Mutter ein und bestand drauf, es erst mal mit alternativen Methoden zu versuchen. Die Mediziner sowie auch mein Vater redeten auf sie ein, dass es keine andere Möglichkeit gäbe, mir zu helfen. Zu diesem Zeitpunkt gab es auch schon den lieben EL, er vermittelte ihr dann, sie darf in diesem Fall nicht mehr auf die Ärzte hören und sie sollte jetzt damit beginnen, in Eigenregie zu handeln. Man würde ihr aus der Welt der Geistigen alle Unterstützung geben, die sie bräuchte, um mir zu helfen. Sie holte mich also kurzerhand in Eigenverantwortung mit hohem Fieber, abends aus dem Krankenhaus und begann, mich Zuhause zu behandeln. Das alles war natürlich ohne Frage im Grunde ein großes Risiko, das meine Mutter einging, aber zu diesem Zeitpunkt war es ihre einzige Chance mir wirklich zu helfen, ohne meinen Körper weiter zu vergiften. Ich weiß noch zu gut, wie die Ärzte und mein Papa sie fertig machten, es wäre ein absoluter Irrsinn, mich mit dem hohen Fieber und der Lungenentzündung nach Hause mitzunehmen. Sie tat es trotzdem, gegen jegliche Widersprüche und wirklich ganz und gar auf eigene Gefahr. Die ganze Nacht verbrachte sie damit, eine geeignete Medizin für mich zu finden. Zusammen mit der Unterstützung von EL kam sie dann auf ein ganz tolles Mittel. Es war ein Cantharidenpflaster, welches mit einer Salbe aus der getrockneten und gemahlenen spanischen Fliege bestrichen ist. Dieses Mittel kam durch die arabische Medizin nach Europa und wurde seit dem Mittelalter als sogenanntes ausleitendes Verfahren eingesetzt. Meine Mama bestellte es am nächsten Morgen und behandelte mich daraufhin zügig. Sie platzierte das Pflaster an meinem Rücken auf Höhe der Bronchien. Es blieb ca. 8 - 12 Stunden auf den Hautstellen und erzeugte schon nach kurzer Zeit ein schreckliches Brennen auf meinem Rücken. Es waren schreckliche Schmerzen und ich weinte bitterlich, aber ich wusste, es ging nicht anders und vertraute meiner Mutter vollkommen. Mir war völlig klar, dass sie damit das Richtige tat, obwohl es nicht leicht für mich zu ertragen war, vor allem für meine Mutter, denn sie hatte ja die Verantwortung für alles! Wer weiß, ob sie es wirklich so durchgestanden hätte, ohne die fortwährende, geistige Unterstützung von EL. Sie hatte viele Momente der Zweifel, ob das denn wirklich alles so eine gute Idee war, was sie da tat. Und doch hatte sie weitergekämpft! Als die Zeit abgelaufen war, nahm sie das Pflaster vom Rücken. Es hatten sich riesig große Blasen gebildet. Meine Mutter nahm eine Spritze und zog die Lymphflüssigkeit heraus. Danach spritzte sie mir diese wieder ins Gesäß. Nur kurze Zeit danach hatte ich schon starke Reaktionen darauf. Es begann zunächst eine Erstverschlechterung meines ohnehin schon kritischen Zustands. Allerdings hielt diese nicht allzu lange an und man konnte langsam, aber stetig eine Besserung erkennen. Nach einigen Tagen ging es mir deutlich besser; ich fing wieder an, ordentlich zu essen und auch der Husten wurde besser. Auf diesem Wege schaffte ich es endlich, mit der Unterstützung meiner Mama, das erste Mal nach all den Jahren und den vielen Behandlungen einmal ohne Antibiotikum auszukommen. Es war ein riesiger Erfolg für meine Mutter! Man könnte sagen, es war ein großer Durchbruch, und sie wusste, sie war nun auf dem richtigen Weg. Ihre Heilpraktiker-Ausbildung, die sie meinetwegen durchzog, machte sich nun bezahlt. So stürzte sie sich verstärkt in ihr Praxisgeschehen, welches sie von Zuhause aus meinetwegen führte. In den weiteren Jahren, in denen ich immer wieder erkrankte, behandelte mich meine Mutter (egal ob Erkältung oder Bronchitis) weiterhin ohne Antibiotikum. Mir ist wichtig, nun an dieser Stelle etwas ganz Signifikantes zu betonen, da meine Lebensgeschichte sicherlich auch der eine oder andere Mediziner lesen wird. Ich möchte hiermit nicht sagen, dass alles, was Ärzte tun oder die Schulmedizin macht, schlecht wäre. Ganz im Gegenteil! Es gibt viele gute Verfahren und wir brauchen unsere Ärzte dringlich. Jedoch wünsche ich mir, dass die Schulmedizin, vor allem den alternativen Therapiemethoden, zukünftig mehr Beachtung schenkt. Es wäre wichtig, von der Chemie zur Natur umzusteigen, denn das ist unser Ursprung, das ist ein Teil unserer Existenz! Die Völker der Erde benötigen wieder mehr den Einklang mit der Natur. Das Ziel sollte sein, nicht den Menschen krank zu machen, sondern so gesunden zu lassen, dass er nicht mehr krank wird! Es darf nicht sein, dass man aus reiner Profitgier den Menschen absichtlich krank hält! Wir stehen heute an einer völligen Neustrukturierung und ich bin überzeugt, dass wir, wenn die Schulmedizin auch das Naturheilverfahren endlich zulässt und entsprechend mehr honoriert, einer besseren Zukunft entgegen sehen werden. Ich glaube ganz fest daran, dass dieser Tag kommen wird, denn der Umbruch hat bereits begonnen. Ich brauch mir nur gegenwärtig einige mir bekannte Ärzte in meinem Umkreis anzuschauen. Sie beginnen bereits, ihre Denkstruktur umzustellen und das erfreut mein Herz wirklich sehr! Auch in der Psychologie wird es Zeit, dass man von alten Denkmustern loslässt und neue Therapiemethoden zulässt. Wenn ich nur daran denke, bei wie vielen Menschen eine Schizophrenie festgestellt wird, allerdings irrtümlich. Es wird nie darüber nachgedacht, dass es möglicherweise auch Besetzungen von Fremdwesen oder Dämonen sein könnten. Nein, so etwas wird erst gar nicht in Betracht gezogen. Sowas gibt es ja laut Wissenschaft nicht! Jedoch hat die Wissenschaft auch noch nie wirklich, bis heute nicht, Gegenteiliges beweisen können! Und warum nicht? Weil sie es einfach nicht kann! Schlimm finde ich es, dass man, anstatt den möglichen Ursachen einer Schizophrenie oder dergleichen nachzugehen, einzelnen Personen starke Psychopharmaka verpasst, die Personen regelrecht lahmlegen oder anderweitig schaden. Meine Worte hier dienen nur dazu, dass man sich einfach mal über bestimmte Strukturen Gedanken machen sollte. Ich möcht unterstützend helfen, dass sich auf unserem wunderschönen Planeten Erde etwas Tragendes verändert! Durch meine persönlichen Erfahrungen, die ich bisher erleben durfte, ist es mir deshalb ein besonderes Anliegen, diese Punkte hier mit anzusprechen. Gehen wir nun weiter in meinem Lebenszeitraffer. Ich war trotz dieser immer wieder starken gesundheitlichen Einschränkungen ein wahnsinnig fröhliches und aufgewecktes kleines Mädchen. Ich habe mich mit unglaublich vielen Dingen beschäftigt und mir war eigentlich selten wirklich langweilig, denn ich hatte immer etwas Kreatives zu tun. Bücher verschlang ich regelrecht, malte, bastelte und sah mir sehr gerne die mehr als produktiven Kinderserien an. Wenn ich mir da gegenwärtig oft die Kindersendungen ansehe, schaudert es mir! Sie dienen regelrecht dazu, Kinder für dumm zu halten. Bestes Beispiel zur totalen Verdummung von damals waren die Teletubbies. Zu meiner Kinderzeit, gab es wirklich noch Zeichentrickserien, in welchen Botschaften enthalten waren und wir Kinder verstanden diese. Es mag sich lustig anhören, aber dem war wirklich so! Die 80er, wie auch die frühen 90er Jahre, waren eine sehr wertvolle Zeit für uns Indigo-Kinder. Der Film ›Die unendliche Geschichte‹ enthielt sehr wertvolle Informationen. Damals schon verstand ich sie und heute sind mir sogar noch einige Details mehr aufgefallen. Ich analysiere auch gerne manche Filme genauer, da ich überzeugt davon bin, dass sich viele der Filmemacher wie Autoren bei der jeweiligen Story etwas Spezielles dabei dachten. In vielen Filmen sind teilweise offensichtliche, aber auch versteckte Botschaften enthalten! Bestes Beispiel hier ist natürlich Matrix. Aber gerade auch bei der Unendlichen Geschichte fand ich ein Gespräch sehr interessant und aufschlussreich, welches ich an dieser Stelle auch sehr gerne anführen möchte, um zum Nachdenken anzuregen. Denn auch diese Erkenntnisse, welche ich aus der Unendlichen Geschichte entnahm, will ich gerne kurz mit dir teilen. Falls du den Film noch nicht gesehen hast, solltest du dies bei Gelegenheit nachholen und dich selbst von den Worten überzeugen, die ich dir an dieser Stelle wiedergebe. Zudem weise ich besonders auch auf das Buch hin, in welchem noch wesentlich mehr Informationen nachzulesen sind. Der entsprechende Gesprächsablauf in dem Film findet ziemlich zum Schluss statt. Atréju, der Krieger, verlor seinen Glücksdrachen Fuchur und irrte umher, plötzlich fand er sich in einer Art alten Ruine wieder. Er sah überall Bilder an den Wänden. Alle Sequenzen aus seinen bisherigen Erlebnissen, die er bis zu diesem Moment erlebt hatte. Das letzte Bild zeigte dann einen schwarzen Werwolf. Plötzlich knurrte etwas laut und bösartig, er drehte sich um und sah vor sich das selbige Wesen, was er zuvor schrecklicher Weise noch auf dem Bild erblickt hatte. Dieses bösartige Tier knurrte weiter wütend und stellte sich ihm als

Gmork vor. Er teilte Atréju mit, dass er die Ehre hätte, sein letztes Opfer zu sein und dieser meinte zu Gmork, dass er keine Angst vor ihm habe, da er ein tapferer Krieger sei. Gmork belächelte seine Aussage und meinte nur, er solle doch gegen das ›Nichts‹ kämpfen. Atréju gab zu bekennen, dass er es wollte, aber lediglich könnte, wenn er die Grenzen von Fantasien fände. Gmork klärte ihn dann darüber auf, dass Fantasien keine Grenzen haben. Fantasien seien die Welt der menschlichen Fantasie. Wörtlich sagte er weiter: »Jeder Teil, jedes Wesen von Fantasien, ist ein Stück der Träume und Hoffnungen der Menschheit. Das ist der Grund, warum Fantasien keine Grenzen hat.« Atréju fragte ihn dann erzürnt, weshalb Fantasien denn dann zugrunde gehen würde und der Gmork sprach mit folgenden Worten weiter: »Weil die Menschen anfangen, ihre Träume zu vergessen und ihre Hoffnungen zu verlieren. So wird das Nichts immer stärker!« Atréju fragte daraufhin erschüttert weiter, was denn das ›Nichts‹ sei. Der Gmork erklärte ihm: »Es ist die Leere, die zurückbleibt. Eine Art Verzweiflung! Sie zerstört unsere Welt! Und ich habe versucht, dem Nichts zu helfen.« Zuletzt fragte Atréju ihn schockiert, weswegen er ihm helfen wolle und der Werwolf antwortete an dieser Stelle: »Weil man Menschen, die ohne Hoffnung sind, leichter unter Kontrolle halten kann. Und wer die Welt unter Kontrolle hält, der hat die Macht!« Ich glaube an dieser Stelle werden viele von meinen Lesern verstehen, warum ich dieses Beispiel hier eingebracht habe. An alle die, die sich vielleicht doch fragen, wieso ich dieses nun in meinem Buch erwähne, so hat es folgenden Hintergrund: Ich denke einfach, dass gerade Kinder, die damals geboren wurden, schon ganz speziell mit solchen Aussagen wie in diesem Film auf etwas aufmerksam gemacht werden sollten. Auch das Auryn, was auf dem Cover des Buches von Bastian mit allen acht Schlangen erscheint, welche ineinander verschlungen sind, erinnert doch sehr an die querliegende Acht, welche ja für die ›Unendlichkeit‹ steht und somit sich auch der Titel (Die Unendliche Geschichte) darin erkennen lässt. Leider ist es nun mal so, dass eine kleine Minderheit auf der Erde alles unter Kontrolle hält. Man versucht ganz bewusst, die Menschheit zu unterjochen und ihnen damit die Träume, Wünsche und Hoffnungen zu zerstören, denn nur so kann man viel leichter die Menschheit kontrollieren. So läuft es eben leider auf vielen Schienen ab. Sei es nun im Finanzsektor, im Pharmabereich oder in der Industrie und Wirtschaft. Es ist nun an der Zeit, sich von diesen Fesseln zu lösen und wieder zu beginnen, an sich selbst und an das Göttliche zu glauben und seine Träume in Gedanken zu visualisieren, denn so lassen sie sich umsetzen und manifestieren. So wie am Ende des Filmes Bastian mittels des kleinen Sandkorns, (welches er von der Prinzessin bekam) begann, sich Dinge zu wünschen und sie sich dadurch materialisierten und Gestalt annahmen, kann auch jeder Einzelne von uns Menschen dies erreichen. Man muss nur fest genug an sich und seine Kräfte glauben, dann ist so unendlich Vieles möglich! Da bin ich mir ganz sicher! Das ist auch zugleich wieder ein guter Einstieg zum weiteren Verlauf meines Lebens, denn so mit diesem Gedanken lebe ich bis zum heutigen Tage. Mein starker Glaube, alle Erlebnisse und Erfahrungen, die ich bisher machte, geben mir täglich unendlich viel Kraft. Meine Rolle als Tanja in diesem Leben ist mir sehr wichtig, denn ich möchte so vielen Menschen wie möglich die Kraft geben, die ich täglich in mir verspüre! Jeder ist für sich selbst seines Glückes Schmied. Selbst als sich meine Eltern (was für mich als Kind mit 10 Jahren nicht unbedingt schön war) getrennt haben, habe ich noch das Beste aus dieser Situation gemacht. Ich sah es eben als Lebensabschnitt und wusste, dass das nicht gleich das Ende ist, sondern ein besserer Neuanfang für alle, und so sollte es auch letztlich kommen. Meine Mutter zog mit mir daraufhin nach Landshut und mein Vater blieb in München. Alleine schon aus berufstechnischen Gründen war dies nicht anders möglich. Ich kann nur sagen, es war das Beste, was die beiden damals tun konnten. Mein Vater besuchte mich regelmäßig an den Wochenenden und blieb sogar teilweise über Nacht. Meine Eltern pflegen bis heute eine sehr gute und wunderbare Freundschaft zueinander. Wenn irgendetwas ist, dann kann sich jederzeit einer auf den anderen verlassen. Ist das nicht etwas Wunderbares? Mal ehrlich, wie oft kommt so etwas in der Regel vor? Leider viel zu selten oder so gut wie nie. Die meisten Paare trennen sich im Streit und wer ist es dann, der letzten Endes darunter leiden muss? Die Kinder sind es doch! Das ist sehr traurig und eigentlich nicht notwendig. Denn egal, was in der Beziehung schieflief, die Eltern der Kinder können doch trotzdem noch im Guten miteinander umgehen. Das sollte das Bestreben jedes liebenden Elternteils sein! Man hat doch schließlich einmal seinen Partner geliebt und dazu beigetragen, ein kleines, göttliches Wesen auf unseren schönen Planeten Erde zu bringen. Umso glücklicher bin ich darüber, dass das Bestreben meiner Eltern immer darin lag, dass es mir gut geht und ich unter ihrer Trennung nicht leiden musste. Sie gaben mir damit eine sehr gute Grundbasis für mein Leben und meine Zukunft. Ich bin ihnen an dieser Stelle wirklich unendlich dankbar für alles! Wir zogen also 1995 nach Landshut um. Damals bewohnten wir eine Wohnung neben meiner Tante, was sich als sehr praktisch erwies, da die Familie nah beieinander war und auch meine liebe Oma mütterlicherseits im selben Ort wohnte. Mein gesundheitlicher Zustand war damals leider immer noch nicht stabil genug, um die Schule regelmäßig besuchen zu können. Somit stellte die Sonderschule in Landshut einen wirklich lieben und guten Lehrer zur Verfügung, der mich in den wichtigsten Hauptfächern zu Hause weiterhin unterrichten sollte. Nach kurzer Zeit kam damals der bayrische Rundfunk auf uns zu und brachte zu einem Bericht noch ein kleines Interview mit meinem Lehrer und mir heraus, in welchem sich mein damaliger Hausunterricht vorstellte. Das war auch der erste direkte Kontakt, den ich zu dieser Zeit mit den Medien hatte, wobei es für mich an sich nichts Außergewöhnliches war, da meine Mutter schon in der Vergangenheit immer mal wieder in TV und Radio erschien. Bedingt durch ihre Astrologiekenntnisse und ihren Fähigkeiten im Kartenlegen und medialer Beratung, wurde sie immer wieder von verschiedenen Sendern eingeladen. Auch mich hat der Medienbereich mitunter schon immer sehr fasziniert. Zu späteren Jahren hätte ich beinahe eine Ausbildung bei einem Sender begonnen, aber es kam dann doch alles etwas anders, was sich letztlich nicht unbedingt als schlechter erwies und auch zu meinem Leben gehörte. Jedenfalls sollten wir damals nicht lange in Landshut bleiben, denn es sollte uns dann für einige Zeit ganz woandershin verschlagen.

Tue all dies, was du tust stets aus dem Herzen und mit vollem Bewusstsein.
Erwarte nichts zurück, denn Leben und Sein ist so kostbar und ist Dank mehr als genug.

KAPITEL 5
Teneriffa

Das Jahr 1997 sollte auch wieder so eine Art Schicksalsjahr für mich werden. Es begann damit, dass meine Mutter plante mit mir endlich einen Auslandsurlaub zu machen. Einen schönen Urlaubsaufenthalt am Meer. Wow! Ich habe mich riesig darauf gefreut, zumal ich davor nur ein einziges Mal im Urlaub war und das war in den Bergen bei Oberjoch im Allgäu, was natürlich auch sehr schön war. Nichtsdestotrotz wollte ich schon immer unbedingt ans Meer. Es zog mich wahnsinnig stark dorthin, obwohl ich bisher nur Fotos von Freunden und Bekannten oder Videoaufnahmen im Fernsehen gesehen hatte. Dennoch fühlte ich mich immer so unbeschreiblich stark zum Meer hingezogen. Es war eine tiefe Liebe und Verbundenheit, könnte man sagen. Als es dann endlich so weit war, freute ich mich umso mehr, weil ich tatsächlich zur geplanten Reisezeit auch gesund war. Davor hatte ich wahnsinnige Angst, dass ich vielleicht kurz vor Urlaubsbeginn noch krank werden könnte und alles flachfallen würde. Die Reise sollte jedoch stattfinden. Es war damals auch mein erster Flug. Zuerst hatte ich, zugegebenen Maßen, etwas Angst, da ich immer schon enorme Höhenangst hatte. Als ich aber im Flugzeug saß, überkam mich ein vollkommenes Gefühl des Vertrauens und der Glückseligkeit, bald auf Mallorca zu landen. Während des Fluges lief alles glatt und wir kamen gesund und munter an. Das Hotel damals war auch sehr schön und die Woche, die wir dort verbrachten, war einfach traumhaft! Ich weiß noch, wie ich das Meer erblickte und es überkam mich ein sehr großes Gefühl der Freude, fast schon unbeschreiblich. Als wäre ich nach so langer Zeit endlich wieder Zuhause angekommen ... Auch das spanische Gefilde dort und die Menschen, alles war so herzlich! Ganz anders als in Deutschland, wo vieles oft so kühl und reserviert wirkt. Wir lernten dort im Hotel ein recht nettes Pärchen kennen. Sie erzählten uns, dass sie auf Teneriffa lebten und Barbara, die Partnerin von dem Mann, meinte zu meiner Mama, dass sie sich vorstellen könne, dass es dort für mich und meine Lunge vom Klima her ideal wäre, zu leben. Teneriffa hätte schon bei so vielen Menschen im gesundheitlichen Bereich zur Genesung beigetragen. So verblieben meine Mama und das Pärchen freundschaftlich, auch mit dem positiven Hintergedanken, eventuell in absehbarer Zeit nach Teneriffa für einige Jahre (aus den geschilderten gesundheitlichen Gründen) überzusiedeln. Wir verbrachten also bis zur Rückkehr noch wundervolle Tage auf der schönen Insel Mallorca. Wieder in Deutschland angekommen, fiel meiner Mutter verstärkt auf, wie gut mir der Urlaub am Meer getan hatte. Somit folgten viele klärende Gespräche mit meinem Vater, der den Umzug größtenteils finanzieren sollte und auch mit EL, der hier auch die geistige Unterstützung mit auf dem Weg gab. Meine Mutter klärte noch weitere Formalitäten, meldete sich nur wenige Tage danach bei Barbara auf Teneriffa und teilte ihr mit, sie solle doch bitte vor Ort eine geeignete Wohnung für uns suchen. Sie würde ihr für ihre Bemühungen schon im Voraus etwas Geld überweisen. Barbara dachte erst es wäre ein schlechter Scherz, weil nur wenige Tage nach unserer Heimkehr vergangen waren und meine Mutter gleich die Dinge so plötzlich entschied. Als sie allerdings merkte, dass meine Mama es ernst meinte, suchte sie tatsächlich nach einer entsprechend guten und relativ günstigen Wohnung in einer wunderschönen Gegend namens Los Realejos für uns. Der ganze Umzug mit allem Drum und Dran, bis auf die Einrichtungsgegenstände, die wir im Speicher bei meiner Tante unterbrachten, ging unglaublich schnell vonstatten. Innerhalb von gerade mal zwei Monaten zogen wir nach Teneriffa. Es war kurz nach der Zeit, als Lady Diana von England verstarb. Übrigens war das auch eine wundervolle, herzliche Person, die allen in unvergesslicher Erinnerung verbleibt. Dieses wirklich tragische Geschehen habe ich jetzt noch so vor Augen wie damals, wenn ich daran zurückdenke. Wir zogen also kurz nach diesem Ereignis nach Teneriffa. Der Flug dauerte knapp 5 Stunden und ich wusste gar nicht wirklich, was mich dort erwarten sollte, bis auf die Erzählungen. Ich freute ich mich schon sehr auf diese Veränderung. Getrübt wurde allerdings alles an jenem Morgen, als der Abflug sein sollte, ich aufwachte und total krank war. Nun, wir mussten natürlich trotzdem fliegen! Da es nicht mehr anders möglich war, musste ich total krank, wie ich war, mitfliegen. Mir ging es furchtbar schlecht während des Fluges und ich musste mich sogar wegen des starken Hustens, den ich zusätzlich bekam, mehrmals übergeben. Wenn ich das hier so schreibe, muss ich immer wieder feststellen, dass es mir vorkommt als wäre es erst gestern gewesen. Nicht weil es so schlimm war, sondern weil meine Erinnerung derart intensiv an alles ist, dass ich wirklich ohne Probleme, detailreich die Vorgänge beschreiben kann, ohne mich dabei anstrengen zu müssen. Das ist schon toll und erleichtert so vieles. Als endlich die Flugzeit herum war und mir das irgendwie, wie eine halbe Ewigkeit aufgrund meines Gesundheitszustands vorkam, war ich dann doch erleichtert, endlich raus zu kommen. Als wir aus dem Flieger stiegen, war ich zuerst total entsetzt und fragte meine Mutter schockiert, wo sie uns denn da hingebracht hätte. Mir kam ein richtiger heißer Wind entgegen und alles vor meinem Blickfeld war regelrecht kahl. Es war eine richtige Wüstenlandschaft, die sich vor meinen Augen auftat. Meine Mutter lächelte und meinte, das wäre nur der Süden, der etwas trockener wäre, aber sobald wir Richtung Norden kämen, würde sich das dann schon ändern. Die Aussage meiner Mutter bestätigte sich glücklicherweise schon recht schnell im Verlaufe der Fahrt zu unserem neuen Zuhause. Es wurde immer grüner und üppiger! Was wirklich schon nach wenigen Stunden sehr offensichtlich auffiel war, dass sich mein allgemeiner Zustand ein klein wenig verbessert hatte. Mir war nicht mehr schlecht und die Nase wurde, bedingt durch die gesunde Meeresluft, freier. Ich fühlte, wie sich meine Seele an der wunderschönen Natur und dem traumhaften Ausblick aufs Meer erfreute. Es ging mir durch und durch besser, und schon zu diesem Moment, kann ich für mich selbst behaupten, fing bereits mein Körper auf seine Weise an, zu gesunden. Vielleicht mag es für den einen oder anderen Leser etwas schwer nachvollziehbar sein, aber doch war es so. Denn meine Seele war im Begriff, durch die unendliche Glückseligkeit, die mich auf dieser Insel durchströmte, den Körper in einen gewissen Regenerationsprozess zu bringen. Dann noch das gesunde Klima und die Meeresluft! So begannen sich meine Lungen stückweise immer mehr zu reinigen und zu regenerieren. Das konnte man schon im ersten halben Jahr sehr stark wahrnehmen, da sich die Infekte schnell auf ein Minimum reduzierten. Auch die Menschen dort haben mir sehr gutgetan. Dieses unglaublich herzliche Miteinander und die Gemeinschaft als solche haben bei meinem Regenerationsprozess, so denke ich, entsprechend dazu beigetragen. Ich weiß noch, kurz nachdem wir die Wohnung betraten, meinte meine Mutter, ich soll doch noch mal kurz mit unserem Hund Cherry eine Runde Gassi gehen. Als ich draußen im nahen Umkreis mit ihm spazieren ging, kamen zwei junge spanische Mädchen auf mich zu, lächelten sehr lieb und sprachen mich kurz darauf an. Ich konnte natürlich zu dieser Zeit noch kein Spanisch, aber das war völlig egal. Wir unterhielten uns einfach. Ein wunderbares Erlebnis war das. So einfach! So unkompliziert! Wie man als Kind eben noch so ist. Man denkt nicht wirklich nach, sondern geht nach seinem Herzen, nach seinem Gefühl! Wir haben mit Händen und Füßen geredet und ein paar wenigen Worten schlechtem Englisch. Aber das war völlig egal, denn wir verstanden uns und hatten uns vom ersten Moment an einfach gern. Das ältere der beiden Mädchen, Emmelie, lud mich kurze Zeit darauf ein, zu sich und ihren Eltern nach Hause zu kommen. Sie wohnten im selben Haus und auch ihre Familie nahm mich und meine Mutter auf, als gehörten wir einfach dazu. In diesen Ländern mag zwar auch vieles kompliziert sein, aber eines haben sie, woran es bei uns leider oftmals sehr mangelt, und zwar sehr viel Warmherzigkeit, Zusammenhalt und Akzeptanz von seinem Gegenüber. Man wird in der Regel nicht aufgrund seiner Herkunft oder Hautfarbe beurteilt, sondern man wird mit offenen Armen empfangen. So durfte ich es in den nächsten zwei Jahren täglich miterleben. Das spreche ich an dieser Stelle ganz bewusst und deutlich an. Denn ich wünsche mir auch hier in Deutschland von den Menschen mehr Liebe und Respekt im Umgang mit ihren Mitmenschen. Liebe ist das höchste Gut, das wir einzelne Individuen besitzen und das wir wiedergeben sollten! Dazu gehört natürlich in allererster Linie die Selbstliebe. Du kannst nur wirklich deinen Nächsten ehrlich und aufrichtig lieben, wenn du dich selbst liebst. Ich erlebe es immer wieder, dass Menschen, die aus ärmeren Ländern kommen und selbst wenig haben, meist umso reicher im Herzen sind und das ist oft mehr wert als alles Geld der Welt. Kein materieller Besitz dieser Welt kann dir den Reichtum im Herzen ersetzen und genauso wenig deine Gesundheit. Ich begann also auf Teneriffa Stück für Stück immer mehr zu gesunden.

Meine Mutter wagte zudem auch den Schritt und meldete mich dort in einer spanischen Schule an. Sie wollte zu der Zeit, dass ich noch einmal (wegen der Sprache) die fünfte Klasse wiederhole, worüber ich gar nicht begeistert war, da ich zuvor die dritte Lehrstufe schon einmal wegen meiner ewig währenden Krankheitsausfälle in der Vergangenheit wiederholen musste. Meine Mama hatte natürlich irgendwo berechtigt Bedenken, dass ich mit dem Schulstoff nicht hinterherkommen würde. Es sollte aber zu meinen Freuden alles ganz anders kommen! Als für mich der erste Tag in der Schule startete, hatten die Lehrer sowohl in der fünften als auch in der sechsten Klasse alle Räume mit Schülern überbelegt. Also gaben sie mich vorübergehend für ein paar Tage einfach in die siebte Jahrgangsstufe, bis sie eine Lösung des Problems finden. In dieser Woche habe ich mich allerdings so gut in die Schulklasse eingefunden, dass die Lehrer kurzerhand beschlossen, mich dort zu lassen. Tja, und so habe ich die sechste Klasse nie gemacht. Damit hatte ich es sogar geschafft, in der Jahrgangsstufe zu sein, in der ich eigentlich auch sein sollte. Ich freundete mich dort mit allen sehr schnell und gut an und es war eine wunderbare Zeit, die ich in dieser Schule verbrachte. Ich habe es wirklich sehr geliebt dorthin zu gehen! Spanisch lernte ich innerhalb kürzester Zeit. Bereits nach zwei Monaten konnte ich gut mit den anderen Schülern kommunizieren und ich übernahm teilweise sogar den Akzent, den die Spanier auf den kanarischen Inseln haben. Kinder haben es generell viel leichter etwas zu lernen, weil sie noch ganz einfach an die Dinge herangehen und sich nicht über die Konsequenzen sorgen. Sie denken zum Beispiel bei einer Sprache nicht darüber nach, ob sie nun den Satz falsch oder richtig formulieren, sondern sie reden einfach darauf los, und das tat ich damals auch. Allerdings muss ich dazu sagen (das geht mir noch heute so), obwohl es nun schon so viele Jahre zurückliegt, dass es bei mir schon immer so war, als wäre Spanisch meine Muttersprache. Warum dies so war, sollte sich dann noch in späteren Jahren aufklären. Meine Mutter und ich waren neben ihrer Arbeitszeit oft auf Teneriffa unterwegs und lernten sehr viele herzliche Menschen kennen. Zudem gab es da noch den lieben Bernhard, unseren damaligen Nachbarn, der eine Wohnung unter uns wohnte. Er hat uns in der Zeit auch viel begleitet und unterstützt. Auch heute noch stehen wir in sehr regem und gutem Kontakt. Er hat (so wie viele andere auch) einiges mit uns erlebt und war damals auch dabei, als es sich ergab, dass einmal monatlich ein größeres Treffen verschiedener spiritueller Menschen abgehalten wurde. Wir saßen zusammen in einer Runde und meine Mutter channelte verschiedene wichtige Botschaften. Das war dann die Zeit, wo sie nur noch so übers Papier flog und nichts mehr in dem Augenblick mitbekam, wenn EL durch sie sprach. Einen Abend davon habe ich besonders intensiv in Erinnerung. An diesem Abend kamen viele wichtige Vorhersagen, was die Zukunft betraf, und wichtige Aspekte, was manche Einzelnen in der Runde anging. Jedenfalls saß ich erst eine Weile neben meiner Mutter, später dann aber platzierte ch mich weiter hinten, weil noch ein paar Leute mehr dazustießen. EL redete ganz normal weiter und Friederike (eine gute Bekannte meiner Mutter damals und auch heute noch) übersetzte synchron auf Englisch. Plötzlich kam unter den neuen Leuten ein großer, dunkelhäutiger Mann herein. Meine Mama bekam dies nicht mit, weil sie voll im Trancezustand war. Ich sehe es noch genau vor mir, er ging gleich nach ganz hinten und setzte sich hin. Er saß in meiner Nähe und ich betrachtete ihn eine Zeit lang. Ich war richtig angetan von seiner unglaublich starken und lichtvollen Ausstrahlung und nahm regelrecht seine Aura wahr. Innerlich fühlte ich mich zu Tränen gerührt, weil er etwas ganz Besonderes an sich hatte. Wie diese Gefühle so durch mich hindurch gegangen sind, hörte ich plötzlich, dass EL sagte, es sei unter allen Anwesenden ein schwarzer Engel dabei. Manche erschraken sicherlich zuerst einmal bei dieser Aussage, aber gleich darauf erklärte das Wesen meiner Mutter alles genau, nämlich, dass dieser Mann schon sehr viele Erdenleben hier hatte und es seine letzte Inkarnation auf diesem Planeten wäre. Er sei eine sehr lichtvolle und weiße, alte Seele und genau dies entsprach auch meinem inneren Gefühl, welches mich überkam. Es hat sowohl mich als auch alle anderen im Raum und vor allem ihn selbst tief berührt. EL sprach ihn dann auch noch direkt an und teilte ihm einige andere wichtige persönliche Dinge mit. Zu späterer Zeit auf Teneriffa lernten wir ebenfalls sehr hellsichtige und fähige Frauen kennen. Eine davon war ebenfalls ein Volltrance Medium wie meine Mutter und die Andere der beiden Damen, Joyce Morgan, hatte unter anderem die Fähigkeit, Verstorbene zu sehen und zeichnete diese mit geschlossenen Augen auf Papier und vermittelte Botschaften aus der geistigen Welt. Wir besuchten sie damals und machten uns selbst ein Bild von ihr. Sie kam dann auf mich zu und teilte mir mit, dass ich später einmal sehr vielen Menschen helfen würde. Außerdem sah sie mich Bücher schreiben und noch vieles mehr. Dann meinte sie, dass sie mir nun jemand zeichne, der mich unter anderem einmal eine Zeit lang, aber nicht dauerhaft, begleiten würde. Es wäre jemand mütterlicherseits. Ich solle dieses Bild unbedingt meiner Oma zeigen, sie würde ihn darauf sofort wiedererkennen und begann daraufhin sehr schnell mit geschlossenen Augen diesen Mann zu zeichnen. Ich selbst kannte ihn gar nicht, allerdings war er mir auch nicht fremd. Auf dieses Bild habe ich bis heute sehr gut achtgegeben und es befindet sich noch immer in meiner Obhut. Jedenfalls schickte ich kurz darauf eine Kopie meiner Oma nach Deutschland. Sie teilte mir dann, als sie das Bild erhielt, total ergriffen und unter Tränen mit, dass es ein Onkel von ihr wäre. Das Medium nahm an der Seite meiner Mutter zusätzlich zu EL noch einen Arzt an ihrer Seite wahr. Dieser sollte ihr teilweise auch in ihrer Tätigkeit als Heilpraktikerin helfen und zeichnete ihn ebenfalls mit geschlossenen Augen auf Papier. Joyce Morgan war wirklich eine außergewöhnliche und ebenfalls sehr spirituelle Frau mit großen Fähigkeiten. Wie ich erst vor Kurzem gelesen habe, ist sie leider 2007 von uns gegangen. Die andere Dame, an deren Namen ich mich leider nicht mehr erinnern kann, war auch ein sehr gutes Medium. Sie schrieb in Volltrance mit geschlossenen Augen auf der Schreibmaschine in sämtlichen Sprachen dieser Welt. Ich kann mich noch recht gut entsinnen, dass sie immer wieder die Wohnorte wechseln musste, da sie wohl von Geheimregierungen gesucht wurde. An den genauen Hintergrund kann ich mich heute leider nicht mehr wirklich zurückerinnern, da wir mit ihr nur kurz Kontakt hatten. Ich gehe allerdings davon aus, dass sie, bedingt durch das, was sie alles wusste und ihren entsprechenden Fähigkeiten, die sie unabdingbar hatte, für entsprechende Regierungen ein Dorn im Auge war. Wie gesagt, das wäre eine Möglichkeit, da ich ja selbst mitbekam, was die Frau draufhatte. Da kann man sich schon gut vorstellen, dass das so manchen Stellen nicht gefällt, wenn man sie nicht für sich gewinnen konnte. Nun, auf dieses Thema möchte ich an der Stelle nicht weiter eingehen und viel mehr zurück zu dem erfolgreichen Gesundungsprozess auf Teneriffa kommen. Es war einfach gigantisch wie es mit mir immer mehr bergauf ging.

Einmal gab es noch einen sehr schweren gesundheitlichen Einbruch, den ich dort erlebte. Ich zog mir einen derben Inselvirus zu und befand mich teilweise stundenlang in einem heftigen Delirium. Meine Mutter war regelrecht am Verzweifeln. Allerdings wollte sie mich, auch hier immer wieder durch die Bestärkung seitens EL, keinesfalls ins Krankenhaus bringen oder mir gar in der Verzweiflung Antibiotikum geben. Wieder schaffte es meine Mutter nach zwei Wochen harten

Kampfes, dass ich ohne irgendwelche Chemie gesund wurde. Das war dann eigentlich der endgültige Durchbruch nach der langen Zeit, denn danach wurde ich gut drei Jahre fast gar nicht mehr krank. Selbst wenn andere (dann später, als wir wieder in Deutschland wohnen sollten) Grippe hatten, bekam ich nicht einmal mehr einen Schnupfen. Das war natürlich ein herausragender Erfolg! Auf Teneriffa sollten wir dann knappe zwei Jahre verbringen, bis eines Tages meine Mutter schreckliches Heimweh ereilte und sie sich dazu entschied, wieder mit mir zurückzukehren. Der Abschied von all den lieben Menschen (die mir doch so sehr ans Herz gewachsen waren) fiel mir wirklich sehr, sehr schwer. Es war überwältigend, wie sich noch alle herzlichst und mit Tränen von mir verabschiedeten. Meine ganze Klasse schenkte mir zum Abschied eine große Mappe mit wunderschönen, selbstgemalten Bildern. Das sind solche Momente, an die denkt man ganz besonders gerne zurück! Die Zeit dort war einfach einzigartig und mein ganz großer, gesundheitlicher Durchbruch.

Hier als ich 13 Jahre alt war und auf Teneriffa wohnte.

KAPITEL 6

Rückkehr nach Deutschland

Wie du dir sicher vorstellen kannst, war mir die Rückkehr nach Deutschland sehr schwergefallen. Während sich meine Mutter freute, hätte ich eigentlich nur noch heulen können. Es war, als würde man mir einen Teil aus meinem Herzen reißen. Zudem war der Rückflug auch nicht gerade der angenehmste und mit relativ vielen Turbulenzen verbunden. Als wir ankamen, holte uns mein Vater am Flughafen ab und brachte uns auf direktem Weg zu unserer neuen Wohnung nach Landshut, die er damals für uns erworben hatte. Als wir dort ankamen, hatte ich schon so ein ungutes Gefühl in der Magengrube und ich glaube, meiner Mama ging es ähnlich. Die Wohnung als solche war recht schön, groß und geräumig, allerdings irgendwie erdrückend. Ich konnte es zuerst nicht ganz einordnen, aber nach kurzer Zeit verstand ich dann, woran es lag. Es waren die Energien der Leute, die dort im Wohnblock verteilt wohnten. Einige waren wirklich sehr nett und hilfsbereit, Andere hingegen die reinsten Tyrannen. Ich hatte es in den Jahren teilweise wirklich nicht leicht, da sie immer wieder versucht haben, mich auf eine bestimmte psychische Schiene zu attackieren. An dieser Stelle bin ich unendlich froh, dass ich ein gesundes Selbstbewusstsein habe und ein sehr durchsetzungskräftiges Wesen bin, denn sonst hätte ich dort kein schönes Leben mehr gehabt. Es gab damals vereinzelt Nachbarn, bei denen man richtig merkte, dass sie auf meine Mutter neidisch waren, weil wir in deren Augen finanziell gut situiert waren. Zudem verstanden sich meine Eltern auch noch bestens, obgleich sie nicht mehr zusammen waren, was manche dort gar nicht verstehen konnten und meine Mama am liebsten gegen meinen Vater aufgehetzt hätten, wenn es ihnen möglich gewesen wäre. Meine Mutter war nie jemand, die sich nachmittags zu den alten Tratschtanten dazu setzte und mithetzte. Darum hat sie immer einen weiten Bogen gemacht, was für manche ein Grund mehr war, uns als ›anders‹ zu sehen. Dann war da noch dieses kleine Mädchen, (meine Wenigkeit), die sich nie auch nur im Ansatz unterkriegen ließ und auch mal die Zähne zeigte, wenn jemand meinte, er müsse versuchen, ihr das Leben schwer zu machen. Der Sohn einer Frau hatte mich vom ersten Tage weg auf dem Kicker. Er wartete oft darauf, mich irgendwo alleine abzufangen, um mich zu beleidigen oder mir gar zu drohen. Er drohte mir sogar, meinen Hund zu vergiften und in regelmäßigen Abständen hatte ich auch immer wieder einen Platten an meinem Fahrrad. Ich weiß noch, dass er einmal zu mir sagte, ich sei doch zu blöd, um in die Schule zu gehen, bis mir dann irgendwann der Kragen platzte und ich draußen zu seiner Mutter gegangen bin. Diese jedoch nahm ihren Sohn in Schutz und glaubte mir kein Wort. Nun, ich habe wirklich versucht, das Ganze trotz allem friedlich hinzubekommen, bis er dann meinte, er müsse mich mit seinen Rollerblades absichtlich anfahren. Da ich schon von Weitem spürte, dass er etwas Böses vorhatte und er plötzlich mit hoher Geschwindigkeit auf mich zu raste, bereitete ich mich schon innerlich auf seinen Angriff vor. Ich sprang ein kleines bisschen zur Seite, sodass er mich nicht richtig erwischen konnte (er war gut zwei Köpfe größer als ich) und reagierte sofort. Meine Hand schoss nach vorne, ich griff nach seinem T-Shirt und zog ihn mit ganzer Kraft fast auf meine Höhe herunter. Ich blickte ihm tief in die Augen und sagte noch so viel wie: »Du wirst mich nie wieder anfassen oder sonst irgendwie versuchen, mich fertig zu machen, hast du das verstanden!?« Ich musste dies tun, da er leider zu den wenigen gehörte, bei denen man mit Liebe allein nicht mehr weiterkam. Er sah mich ziemlich schockiert an. Ich denke, er hatte mit solch einer Reaktion meinerseits keinesfalls gerechnet. Er sagte nur, ich solle ihn sofort loslassen, was ich dann natürlich auch tat und er dampfte so schnell wie möglich ab. Danach hatte ich nie wieder Probleme mit ihm. Er ließ mich ab diesem Tag in Ruhe. Ich weiß schon, was sein Problem damals mit mir war. Er selbst hatte ein offensichtlich sehr schlechtes Selbstwertgefühl und kaum Selbstliebe. Er suchte sich jemanden aus, von dem er dachte, es könnte ein Opfer sein, um sein eigenes Selbstwertgefühl aufzubessern und um sich selbst zu beweisen, er sei ›Jemand‹. Und auf mich hatte er wohl einen besonders starken Groll! Mir kam auch immer wieder zu Ohren, dass er es nicht verstehe, dass ich so viele Freunde hätte. Wer will schon mit einem ›Krüppel‹, laut seiner Denkweise, zu tun haben. Ganz ehrlich, ich habe, auch damals schon, tiefstes Mitgefühl mit diesem Kerl gehabt, denn im Grunde war er sehr arm dran. Er hatte wohl keinerlei Selbstliebe, sonst hätte er es nicht nötig gehabt, zu versuchen, mich zu denunzieren. Wenn er seine eigene wahre Schönheit, die in jedem von uns steckte, in sich selbst gesehen hätte, hätte er auch mich ganz anders wahrgenommen. Davon bin ich überzeugt! Wenn ich ihm heute noch manchmal irgendwo auf der Straße zufällig begegne, grüße ich ihn und schicke ihm geistig lichtvolle Gedanken zu. Ich hatte nie wirklich einen Groll auf ihn, nur habe ich es auch nicht zugelassen, dass er mit seiner Art, die er zu dieser Zeit an den Tag legte, weiter durchkam. Das Wohnen in der Wohnung war an sich ansonsten ganz schön, wobei mir Teneriffa trotzdem noch jahrelang fehlte und ich meine Freunde dort stark vermisste. Allerdings baute ich in Landshut wieder sehr schnell viele neue und sehr herzliche Kontakte auf – über die Jahre die besten Freundschaften in meinem Leben, möchte ich gerne behaupten. Da sind wahre Freundschaften dabei, welche sich schon über zehn Jahre erstrecken; Menschen, auf die ich mich zu jederzeit meines Lebens verlassen kann und genau so dürfen sie auch auf meine Wenigkeit zählen. Das Schöne für mich in diesem Leben ist, dass ich immerwährend Individuen begegne, bei denen ich sofort weiß, dass ich sie bereits aus früheren Inkarnationen kenne. Auch hier gibt es sowohl positive als auch manchmal negative Verstrickungen aus der Vergangenheit, bei welchen ich dann Aufarbeitung betreibe. Einmal hatte ich (als ich schon älter war) eine sehr heftige Begegnung mit einem Mann, bei welchem sich nach zwei Monaten Beziehung herausstellte, dass wir in einem unserer beiden ehemaligen Leben miteinander verheiratet waren. Das erste Treffen schon war mehr als makaber! Dabei wurde mir sehr mulmig zumute und zugleich fühlte ich mich trotzdem, wie bei einem magischen Bann, zu diesem Mann auf negative, fast schon beängstigende Weise hingezogen. Wir trafen uns damals in einem Billardstudio und gaben uns zur Begrüßung die Hände. Bei unserer Berührung bekamen wir beide einen sehr heftigen Stromschlag in den Händen, aber wirklich so stark, dass es schon fast schmerzte. Er machte noch Scherze darüber und ich hatte ein total komisches Gefühl bei diesem Erlebnis. Es beunruhigte mich irgendwie. Ich konnte nur nicht genau sagen, woran es lag. Wie es nun mal so sein sollte, trafen wir uns dann öfter und man kam sich stückweise immer näher. Als er mich dann das erste Mal zu Hause besuchte, stellte ich ihn kurz meiner Mutter vor. Sie war irgendwie komisch und verhielt sich anders als sonst, sagte aber nichts weiter zu mir, kam allerdings nach seinem Besuch beunruhigt zu mir und teilte mir mit, dass EL ihr sagte, ich solle den Kontakt besser von mir fernhalten, da der Mann in einer sehr negativen Verbindung mit mir aus der Vergangenheit stehe. Frisch verliebt wie ich war, wollte ich in diesem Moment nichts von alledem wissen und bat meine Mutter, es meine Sorge sein zu lassen, mit wem ich zusammen sei und wem nicht. So traf ich mich natürlich weiterhin mit ihm und wir verbrachten Zeit miteinander. Meine Mama begann damals auch mit einer neuen Therapieform, die sie bei mehreren Seminaren und Workshops erlernt hatte. Diese Art der Therapie war sehr vielseitig einsetzbar und man ist dabei auch in der Lage, Allergien sozusagen zu löschen. Damals hatte ich eine starke Erdbeerallergie entwickelt, welche ich als kleines Kind noch nicht hatte und bekam dann immer, auch wenn ich nur wenige Erdbeeren gegessen hatte, einen intensiven Juckreiz am ganzen Körper. Meine Nase machte komplett zu und ich konnte dadurch auch schlechter Luft einatmen. Somit hatte meine Mutter begonnen, herauszufinden, welches Thema wohl hinter dieser Allergie bei mir steckte. Sie fand heraus, dass der Überbegriff ›Gifte‹ dahinterstand und meinte dann zu mir, wir sollten das dringend bearbeiten und auflösen. Ich dachte mir nichts weiter dabei und machte natürlich bei der Löschung der Allergien mit. Mama erklärte mir, dass ich die Augen geschlossen halten sollte und solange das Wort ›Gifte‹ wiederholen müsse, bis das Thema endgültig gelöscht sei. Sie begleite dies mit ihrem Biotensor und würde es dann beenden, wenn alles fertig und aufgelöst wäre. So begannen wir damit und die beste Freundin von meiner Mutter nahm auch zur Überwachung daran teil. Ich saß da nun so auf meinem Stuhl, hatte die Augen geschlossen und damit begonnen dieses Wort immer wieder auszusprechen. Anfangs lächelte ich noch und fand es ehrlich gesagt ziemlich bescheuert, dauernd das Wort zu sagen und fragte mich, wann der Blödsinn endlich wieder vorbei wäre. Ich rede hier von geschätzten 10 Minuten, wie ich immer wieder das Wort ›Gifte‹ wiederholte, bis plötzlich Folgendes geschah: Ich sah auf einmal prägnante Szenen aus meinem jetzigen Leben, als ich noch ein Kind war und einen großen Schluck Geschirrspülmittel trank. Ich schmeckte noch richtig den bitteren, ekligen Geschmack dieses giftgrünen Zeugs und fühlte, wie die Hitze in mir aufstieg. Ich nahm alles genau so wahr, als wäre das gerade erst passiert. Ruckartig befand ich mich in einer anderen Sequenz und sah, wie meine Mutter gerade Essen kochte. Ich nahm von der Arbeitsplatte ein Stück rohes Fleisch, sie bemerkte es und schrie erschrocken auf, dass dies giftig wäre. Wieder eine Sequenz weiter, sah ich mich als Baby zur Welt kommen und ein kurzer Leerlauf ging einher. Was dann kam, kann ich leider nicht mehr alles genau wiedergeben, weil es sehr viel und vor allem heftig war. Ich befand mich plötzlich in mehreren Zeitzonen aus einem früheren Leben. Ich erinnerte mich besonders genau an die letzte und wohl schlimmste Sequenz, in der ich an Giften starb. Ich sah alte Wege, Gemäuer und Kutschen vor mir und in einer dieser fuhr ein ganz fein gekleideter Mann mit einem hohen Zylinderhut an mir vorbei. Im nächsten Moment sah ich mich an einem langen Tisch mit genau demselben Mann sitzen. Ich nahm alles aus mehreren Perspektiven wahr; in der einen Sicht, von der ich alles aus einer Art Vogelperspektive erkannte und in einer anderen, in welcher ich gerade die Gabel hielt und sie zu meinem Mund führte. Ich begann zu essen und etwas aus einem Glas, welches vor mir stand, zu trinken. Plötzlich wurde mir ganz komisch und alles ging sehr schnell. Ein schreckliches Brennen in meiner Lunge tat sich auf und ich hatte das Gefühl, als würde ich von innen heraus verätzt werden. Ich brach wohl sogleich zusammen und dieser Mann eilte zu mir. Er hielt mich noch in seinen Armen, als ich meine letzten Atemzüge tat. Es war einfach schrecklich, noch einmal diesen wahrhaft grausamen Tod zu sterben. Was noch viel schlimmer war, dass dieser Mann (meinem Gefühl in diesem Moment nach zu urteilen) mich absichtlich vergiftet hatte und ich seinetwegen sterben musste. Ich weinte schrecklich, während ich es noch immer irgendwie monoton schaffte, das Wort ›Gifte‹ zu wiederholen. Meine Mutter hielt mich zusätzlich dazu an, weiter zu machen und jetzt ja nicht aufzuhören. Ich hatte kaum noch Kraft und alles war in einem absoluten Leerlaufprozess, bis sie dann irgendwann sagte, ich könne jetzt aufhören, es wäre nun endlich vorbei. Sie nahm mich liebevoll in den Arm und beruhigte mich. Ich war total fertig! Alles war so real, so echt! Ich wollte mich bloß noch hinlegen und schlafen. Was das Schlimmste an dem ganzen Ablauf war, dass der Moment, in dem ich in den Händen von diesem Mann starb, ich in seine Augen blickte und ihn wiedererkannte. Es war genau dieser Mensch, mit welchem ich damals zusammen war ... Der Mann, vor dem mich EL ganz klar zuvor gewarnt hatte! Ich fand kurz darauf heraus, dass er zu dieser Zeit ein sehr grausamer Tyrann gewesen war, welcher viele Menschenleben auf dem Gewissen hatte. Später hatte ich auch noch eine Vision, in der ich ihn in einer Art Kellergewölbe, mit blutverschmierten Händen und einem großen Messer darin sah. Um ihn herum lagen viele tote Körper. Er musste wohl ein regelrechter Massenmörder gewesen sein. Der Grund, weshalb er mich damals vergiftete, war, dass ich wohl von seinen Taten Wind bekommen hatte und ihn in einer Nacht-und-Nebel-Aktion verlassen wollte. Das fand er kurz zuvor heraus und da er mir gegenüber sehr besitzergreifend war, wollte er mit allen Mitteln verhindern, dass ich ihn verlasse – nach dem Motto: Bevor mich irgendwann jemand anders bekommen könnte, sollte mich eben keiner mehr haben. Trotz seiner Liebe zu mir nahm er es billigend in Kauf meinem Leben ein Ende zu bereiten. Ich habe mich jedenfalls, nachdem ich all das wusste, klar dazu entschieden, von diesem Mann schnellstens Abstand zu bekommen und meldete mich nicht mehr bei ihm. Damals hatte ich irgendwie wirklich eine kurze Zeit lang richtig Angst vor ihm, weil mir dieses noch frische Erlebnis doch recht tief in den Gliedern steckte. Einige Wochen später passierte es, dass er mich plötzlich nachts total verstört anrief und fragte, ob bei mir alles OK sei. Ich fragte ihn nur ziemlich wütend, was ihm einfiele mich noch zu so später Stunde anzurufen und was überhaupt los wäre. Er meinte, er hätte einen schrecklichen Albtraum von mir gehabt und wollte sich vergewissern, dass mir nichts passiert sei. Ich gab Entwarnung und sagte ihm, dass bei mir alles in Ordnung wäre. Ich fragte ihn natürlich dann doch etwas neugierig, was er denn geträumt habe. Er schnaufte erst ziemlich tief durch und erzählte mir dann von seinem Traum. Er hätte uns an einem großen, langen Tisch sitzen sehen und wir hätten gegessen. Plötzlich wäre ich vom Stuhl gekippt, ich hätte nach Luft geschnappt und wäre dann in seinen Händen gestorben. Ich kann dir gar nicht sagen, wie es mir in dem Moment regelrecht innerlich die Füße unter dem Boden weggezogen hat. Ich habe richtig angefangen zu zittern, und mir wurde ganz kalt vor Schreck. Wow, er erzählte genau das, was ich wenige Wochen zuvor bei der Allergielöschung erlebt hatte. Er konnte davon nichts wissen, da ich es bis dahin keinem Menschen erzählt hatte und mit ihm selbst danach auch den Kontakt abbrach. Er meinte am Telefon weiter, dass er das nicht verstehe, was da passiert sei und es wäre alles so real gewesen. Wir hatten seither viele Jahre keinen Kontakt mehr und ich schickte ihm wirklich lange, immer wieder viele lichtvolle Gedanken. Viele Jahre später fiel mir ›zufällig‹ noch etwas recht Makabres auf. Er hörte damals immer in meinem Beisein die Coverversion ›Poison‹ von Groove Coverage an. Nun, für jeden, der nicht weiß was ›Poison‹ vom Englischen ins Deutsche übersetzt heißt, das bedeutet wörtlich genau ›Gift‹. Da sträubt es mir ehrlich gesagt jetzt noch direkt die Haare zu Berge. Das Allergielöschen war jedenfalls, trotz des schrecklichen Aufarbeitungsprozesses, dringlich notwendig und wichtig. Zum einen konnte ich dadurch diese Erlebnisse alle in Liebe auflösen und mit diesem Menschen heute eine neutrale Verbindung haben, wenn wir uns begegnen. Zum anderen hatte ich seither tatsächlich keinerlei allergische Reaktionen mehr auf Erdbeeren und kann diese nun bedenkenlos essen.

Wer die fernen Ozeane erkunden möchte, sollte lernen sich zu lösen von den Grenzen der Küsten und seinen festgefahrenen Gedanken.

KAPITEL 7
Aura-Chirurgie

Da du nun einen Einblick in eines meiner ehemaligen Leben bekommen hast, möchte ich gleich die Gelegenheit dazu nutzen, einen kurzen Zeitsprung nach vorne zu setzen, um danach wieder im Alter von 15 Jahren weiter zu machen. Nun befinden wir uns ungefähr in der Zeit, als ich 18 Jahre alt war. Es war eine schreckliche Phase, die ich hatte, und ich wollte nichts mehr mit dem Spirituellen zu tun haben. Ich hatte schlagartig furchtbare Ängste und wusste gar nicht mehr wirklich, wie mir geschah. Das waren ganz komische Zustände, die ich plötzlich über Monate hinweg hatte. Richtige Panikattacken überkamen mich und ich bekam teilweise das Gefühl, grundlos kurz vor dem Durchdrehen zu sein. Wenn ich abends zu Bett gehen wollte, um zu schlafen, und die Augen schloss, sah ich plötzlich Fratzen vor mir und hörte dunkle Stimmen, die mich schikanierten und mir Angst machen wollten. Nach kurzer Zeit verstand ich, dass sich wohl negative, regelrecht dämonische Wesen an mich gehängt hatten, die versuchten, mich vom Weg abzubringen und auch tatsächlich für einen kurzen Zeitraum erfolgreich darin waren. Ich fühlte mich irgendwie vom Göttlichen total im Stich gelassen und haderte mit allem. Plötzlich wollte ich einfach nur noch ein normales Leben führen, stumpf sein, wie viele andere und in den Tag hineinleben, ohne mir im Klaren darüber zu sein, dass es da noch mehr gibt. Schlagartig wollte ich nichts mehr von alledem wissen und erst recht nicht irgendwann in die Fußstapfen meiner Mutter treten. Intuitiv wusste ich, dass dies eines Tages auch auf mich zukommen würde und damals war ich einfach nicht bereit, dies anzunehmen. Es war die Zeit, als ich den Drang hatte, hinauszugehen und wegzugehen, Party zu machen, wie andere junge Leute in meinem Alter, in Discos zugehen und es einfach nur krachen zu lassen, ohne dabei großartig an die Konsequenzen zu denken. Doch so einfach ging es nicht, denn ich war damals schon oftmals in der Lage, auch Gedanken und vor allem die Energien anderer Menschen wahrzunehmen. Das war mehr als unangenehm und erschwerte mir vieles. Ich wohnte zu dieser Zeit noch zu Hause. Zuerst hielt ich es, so gut es ging, fern von meiner Mutter und wollte nicht, dass sie oder jemand anderes mitbekam, was ich innerlich mitmachte. Irgendwann nahm es dann jedoch solche Ausmaße an, dass ich regelrecht hilferufend meine Mutter über diese Zustände (welche ich hatte) aufklärte. Sie kam dann auf die Idee, mich zu jemandem mitzunehmen, den sie von einer guten Freundin empfohlen bekam. Sie erzählte mir, dass dieser Mann wohl recht gut sein sollte, die Aura sieht und auch in der Aura operieren würde. Ich hörte das und dachte, was das denn für ein Witz sein sollte. In der Aura operieren!? Das hörte sich für mich total bescheuert an und ich konnte damit in diesem Augenblick rein gar nichts anfangen. Wie gesagt, das war die Zeit, in der ich von spirituellen Dinge nichts mehr wissen wollte. Ich war in einer revolutionären Phase, gegen alles und jeden. Dann meinte ich zu meiner Mutter, dass der bestimmt bloß die Leute auf den Arm nimmt und wahrscheinlich nur anderen das Geld aus der Tasche ziehen wollte. Ich war, wenn ich zurückdenke, wirklich gemein. Das tut mir im Nachhinein schon richtig leid. Gesunde Skepsis ist ja völlig in Ordnung und auch, meines Erachtens, wichtig, gerade, wenn es um den Bereich Esoterik geht, da es leider auch viele Trittbrettfahrer und Abzocker gibt. Jedoch passte diese Aussage meinerseits so gar nicht wirklich zu mir – als wenn mich irgendetwas gegen das Lichtvolle und Gute aufhetzen wollte. Zuerst also wollte ich nicht mitgehen und sagte meiner Mama, sie solle alleine gehen, wenn sie ihn unbedingt kennenlernen möchte. Letztlich entschloss ich mich aus Neugierde aber dann doch dazu, mitzugehen. Wir fuhren also eines Abends nach einem vereinbarten Termin zu diesem Mann. Er machte die Türe auf und begrüßte uns recht herzlich. Der erste Eindruck von ihm war überraschend positiv für mich und auch sein Zuhause war recht gemütlich. Er selbst dürfte damals so um die 60 Jahre alt gewesen sein und war ein netter, älterer Herr, der wirklich sehr einfach und herzlich rüberkam. Er bat uns etwas zu trinken an und meinte, er würde seine Instrumente holen. Das hörte sich schon mal sehr dubios für mich an und ich schaute meine Mutter mit skeptischen Blicken an. Als er dann, nachdem er die Getränke geholt hatte, noch einmal los ging und zwei Arztkoffer mitbrachte, sie vor uns öffnete und dabei lauter Spritzen und andere seltsame Werkzeuge zum Vorschein kamen, klingelten bei mir sämtliche Alarmglocken. Ich dachte mir nur noch: »Oh mein Gott, ein Verrückter! Wir müssen hier weg, aber schleunigst!« Ich sah meine Mutter an, die wohl selbst auch etwas verdutzt war und versuchte ihr, mit meinen Blicken zu vermitteln, schnellstens das Weite von hier zu suchen. Sie jedoch blieb seelenruhig sitzen und die beiden unterhielten sich, bis er dann meinte, er würde sich nun bei mir alles mal etwas genauer ansehen und sie sollte sich doch in die Mitte des Raumes stellen. Ich versuchte nun, die Fassung zu wahren und meinte, dass ich gerne zuerst sehen möchte, ob er etwas Wichtiges bei mir sehen könne. Mein Bestreben war es in diesem Moment, meiner Mutter klar zu machen, dass der Mann bestimmt ein Hochstapler war und sie sich weiteres sparen könnte. Also kam es dann tatsächlich so, dass er sich mich genauer ansah. Ich stellte mich also in Mitte des Zimmers, er ging ein paar Mal im Kreis umher und sah mich auf eine komische Weise an, als würde er regelrecht durch mich hindurchsehen und ich wartete weiter ab, was passieren würde. Irgendwann, nach einigen Minuten, stellte er sich hinter mich. Ich sah leider nicht, was er tat, allerdings wurde mir danach alles weitere erzählt. Wie er also so hinter mir stand und ich noch immer in einer Erwartungshaltung verblieb, wurde mir plötzlich schwarz vor Augen. Allerdings nicht so, wie man es vielleicht kennt, wenn man einen Kreislaufzusammenbruch oder ähnliches hat. Nein! Ich war körperlich noch voll im Hier und Jetzt, jedoch befand ich mich plötzlich geistig ganz woanders. Ich sah schlagartig alte Häuser im spanischen Stil vor mir und eine große Menschenmenge, welche um mich herum versammelt war und die sich etwas weiter unterhalb meiner Anhöhe befanden. Unter meinen Füßen fühlte ich eine Art Holzboden und ich merkte, dass ich auf eine Art Podest oder so stehen musste. Es überkam mich plötzlich ein schreckliches Gefühl! Das Volk schrie und jubelte vor Freude! Ich sah alles genau vor mir und hörte es richtig. Sie freuten sich und es war eine unglaublich abgrundtiefe, bösartige Schadenfreude, die diese Menschen in dem Moment hatten. Da verstand ich weshalb! Sie freuten sich meinetwegen! Sie freuten sich, weil ich gleich sterben musste. Ich verspürte nun auch erst wirklich den Strick um meinen Hals und genau in diesem Moment, als ich begriff, was los war, warum sie sich freuten und ich vor ihnen stand, ging es auch schon hoch. Ich wurde erhängt! Es war schrecklich! So unglaublich furchtbar! Ich erlebte noch einmal meinen eigenen Tod! Ich brach in diesem Moment bei dem Mann im Zimmer zusammen, keuchte und japste nach Luft. Es war tatsächlich so real passiert, dass ich zeitgleich auch dachte, ich müsse nun ersticken. Meine Mutter erschrak furchtbar! Sie und der Mann reagierten gleich, packten und trugen mich zum Stuhl und versuchten, mich wieder zu beruhigen. Ich bekam zwar gleich wieder Luft, jedoch kann ich nicht sagen, wie lange es dauerte, bis ich wieder einigermaßen zu mir kam. Mir kam es jedenfalls wie eine halbe Ewigkeit vor ... Solange ich noch nicht voll da war, verspürte ich eine richtige Wut auf diesen Mann, weil er in meinen Augen den Henker darstellte, welcher mich am Galgen aufhing. Allerdings, als ich dann wieder im vollen Bewusstseinszustand war, verstand ich, dass nicht er dafür verantwortlich war, sondern dass er mich letztlich von dem Strick befreite. Er redete mit mir in aller Ruhe und erklärte mir sehr vieles. Er teilte mir mit, dass er in meiner Aura diesen Strick sah, der wohl noch immer an mir haftete und dass das daran läge, dass ich insgesamt schon 3 Mal in früheren Inkarnationen gehängt wurde. Bei der letzten davon hätte dies wohl meine Seele zu tief abgespeichert und nicht mehr gut verarbeitet. Dieses Ereignis hätte mich enorm blockiert und ich konnte wohl zuvor in diesem Leben nie Rollkragenpullover, Ketten oder irgendwas um meinen Hals ertragen – was total stimmte! Dem war tatsächlich schon immer so, ich habe immer richtige Panikattacken bekommen, wenn man mir einen Rollkragenpulli anziehen wollte. Nichts durfte auch nur im Ansatz um meinen Hals sein. Das empfand ich absolut schrecklich und bekam dabei regelrecht Beklemmungszustände. Dann sagte er mir, dass ich eine besonders starke Verbindung zu Spanien hätte, sowohl positiv als auch negativ, und das läge daran, dass ich eben in einer dieser Inkarnationen in Spanien erhängt wurde. Das erklärte auch die Häuser, welche ich in dem Moment der Rückführung sah. Er sagte mir, er habe hinter mir gestanden und imaginär den Strick mit einer Schere durchgeschnitten, um mich von der Altlast, die ich noch in mir trug, zu befreien. Das alles könne ich nun in Liebe auflösen. Er wusste auch (ohne dass meine

Mutter etwas davon erzählt hatte) um meine damaligen Ängste und Panikattacken Bescheid. Er nahm alles in meiner Aura wahr und sah sich noch kurz danach mein Horoskop extra an. Er klärte mich darüber auf, dass diese Phase der Angstzustände noch ca. ein halbes Jahr gehen würde und sie so plötzlich aufhören würden, wie sie kamen. Es sollte eine wichtige Zeit der Prüfungen und Entscheidungen für mich sein, auch Fremdwesen würden weiterhin versuchen, mich zu manipulieren, um mich vom spirituellen Weg abzubringen. Dies würde mich allerdings noch viel stärker aus der Sache hervorgehen lassen. Zurückblickend auf diese Zeit war es auch absolut so – und wie! So schlimm es einerseits war, noch mal sein eigenes, grauenvolles Ableben vor sich zu sehen und zu erleben, so unglaublich viel hat es mir letztlich gebracht. Auch die Zeit der Ängste und der Manipulationen dieser Wesen hat mich ausgesprochen stark und innerlich kraftvoll gemacht. Schon immer war mir klar, dass man mittels seiner Gedanken und Energien alles steuern kann. Nur durch diese Periode der Prüfungen, die ich durchmachte, wurde ich mir meiner inneren Stärke noch viel bewusster. Wenn der Wille stark ist, ist so vieles möglich! Nach dem wunderbaren Spruch: »Hilf dir selbst, dann hilft dir Gott!« Das liegt daran, dass in jedem von uns Gott steckt! In sämtlichen Feinheiten dieser Welt und in allem, was existiert ist, Gott vorhanden. Jesus sprach damals mit wahren Worten, dass der Glaube Berge versetzen kann und so ist es auch. Der Glaube ist Gedanke, der Gedanke ist Energie und mit der Energie sind wir imstande, zu kreieren. Somit sind wir alle ein Teil der kreativen Schöpfung Gottes, wobei ich an dieser Stelle noch gerne etwas hinzufügen möchte, was mir einmal ein guter Freund nahegelegt hatte und ich finde, dass das schon auch meinen Vorstellungen entspricht. Denn das Wort ›Glaube‹ ist so eine Sache. Glaube birgt letztlich zwei Aussagen: zum einen ›Zweifel‹ zum anderen ›Nicht-Wissen‹. Wenn man also sagt, man glaubt, dann gibt man eben diese beiden Punkte letztlich damit kund. So wäre es doch besser zum Ausdruck zu bringen, dass man weiß, dass man mit der Kraft seiner Gedanken Berge versetzen kann, oder sich dessen bewusst ist. Übrigens, was ich unbedingt nicht unerwähnt lassen wollte, ist, dass ich rückblickend zeitgerecht sagen muss, dass der Mann, der damals diese Art von Rückführung gemacht hat, mit der Zeitangabe von einem halben Jahr völlig recht hatte. Genau so war es auch! Diese Zustände hielten noch ein wenig an, wurden aber immer weniger und auch der Druck von dem Strick, den ich noch ein paar Wochen am Hals fühlte, ließ dann immer mehr nach und hörte letztlich ganz auf. Ich kann übrigens seither Rollkragenpullover, Ketten und all diese Sachen problemlos tragen. Es fehlt mir nichts mehr dabei! Man ahnt nicht, was das für ein tolles Gefühl ist, wenn man sich nicht mehr eingeengt fühlt oder gar denkt, man würde ersticken, sondern sich plötzlich frei und losgelöst fühlt. Einfach wundervoll! Dieser Mann ist, was ich weiß, schon vor einiger Zeit nach England gegangen und praktiziert wohl dort weiter, was ich nur zu gut verstehen kann, denn hier in Deutschland ist das alles leider noch ein absolutes ›No Go‹. Wir hinken hier leider noch an so vielen Stellen hinterher, und es wäre nun definitiv an der Zeit, sich zu ändern und enorm zu verbessern. An dieser Stelle möchte ich nun gerne das Zeitfenster wieder ein wenig zurückdrehen, an die Stelle, als ich ungefähr 15 Jahre alt war.

KAPITEL 8
Außergewöhnliche Erlebnisse mit EL

Es waren die außergewöhnlichsten Jahre, in welchen sich die Energien von EL enorm zu intensiveren begannen. Das Ganze ging gut zwei Jahre, in denen Sachen passierten, bei denen ich mir schon sehr ernsthaft Gedanken mache, ob ich diese überhaupt so einfach erzählen kann, da es doch Dinge sind, welche wir erlebt haben, die definitiv weit über vielerlei Vorstellungen hinausgehen. Dennoch sind sie passiert! Man mag sie nun glauben oder auch nicht. Das bleibt letztlich jedem selbst überlassen. Es begann mit dem wohl heftigsten Erlebnis, das wir damals machten. Unser kleiner Hund Cherry hatte im Alter von 8 Jahren Epilepsie bekommen. Die Anfälle kamen natürlich immer sehr sporadisch und unkontrolliert. Daher konnten und wollten wir ihn nie lange alleine Zuhause lassen. So ereignete es sich eines frühen Abends, dass wir wie so oft, einkaufen gingen und zuvor Cherry ins Wohnzimmer ließen. Meine Mutter sagte, noch liebevoll wie immer, er solle schön warten, Frauchen käme gleich wieder und schloss die Wohnzimmertüre hinter sich. Ich stand neben ihr und wir gingen gemeinsam hinaus. Meine Mutter sperrte wie gewohnt die Türe zweimal ab und wir fuhren los zum Einkaufen. Dort beeilten wir uns sehr, da draußen ein heftiges Gewitter begann und wir wussten, dass Cherry sehr viel Angst bei Unwetter hatte. Also fuhren wir schnell wieder nach Hause, sperrten die Türe auf, stellten die Tüten in der Küche ab und gingen gemeinsam ins Wohnzimmer. Normalerweise wäre Cherry uns gleich entgegengelaufen, aber nichts dergleichen geschah. Vor uns war sein Bettchen und es war leer. Völlig leer! Kein Hund in Sichtweite! Wir riefen einige Male ›Cherry‹, guckten hinter der Couch, ob er sich da irgendwo vielleicht verkrochen hatte und hinter dem Fernsehkasten, aber nichts. Rein gar nichts! Wir schauten uns beide fragend an, wo der Hund denn nun geblieben war. Cherry war unser kleiner Liebling und ich bekam richtig Panik. Wir eilten beide aus dem Wohnzimmer und schauten in alle anderen Räume, wobei er unmöglich woanders sein konnte, zumal die Wohnzimmertüre geschlossen gewesen war und er definitiv nicht aus dem Zimmer herauskommen konnte. In dem Moment waren Mama und ich aber so außer Rand und Band, dass wir einfach wirr nach Cherry suchten. Ich lief zu meiner Mutter, denn das letzte Zimmer, in welchem wir noch nicht nachgesehen hatten, war ihr Schlafraum, in welchem ebenfalls die Türe zu war. Wir gingen also gemeinsam hinein und schauten auch dort nach. Meine Mutter betätigte, da es schon dunkel war, den Lichtschalter und was erblickten wir dort auf dem Bett, seelenruhig liegend? Unseren kleinen Cherry ... Er guckte uns nur völlig verdutzt an, in keiner Weise irgendwie aufgeregt oder gar verschreckt. Nichts dergleichen! Meiner Mutter nahm unser Hündchen gleich ganz aufgeregt auf den Arm und streichelte ihn. Wir fragten uns in dem Moment was passiert sei. Wie konnte es sein, dass Cherry in einem anderen Zimmer war? Was war, um Gottes Willen, passiert? Der einzig logische Gedanke, der uns dann kam, war, dass jemand hier gewesen sein musste. Ein Einbrecher, denn es hatte ja sonst niemand Zugang zu unserer Wohnung oder gar einen Schlüssel dafür. Meine Mutter drückte mir den Hund in die Arme und lief ganz aufgeregt in ihre Praxis, die sie damals ebenfalls in unserer Wohnung hatte. Ich ging ihr nach und beobachtete, was sie tat. Mama schnappte sich eilig eine Leiter, stieg hinauf und griff nach ihrer Kasse, welche sie damals oben auf dem Schrank deponiert hatte. In dem Moment als sie in ihren Händen war, erstarrte sie regelrecht auf der Leiter. Sie stieg langsam die Stufen wieder hinab und war richtig weiß im Gesicht, als hätte sie ein Gespenst gesehen und sagte laut: »Der will mich wohl verarschen!« Ich schaute sie nur verdutzt an und fragte sie, was sie damit meinte. Da wiederholte sie den Satz noch mal, nur etwas lauter und fast schon richtig wütend. Da meinte ich wieder, was denn los sei und warum sie so komisch wäre. Meine Mutter bekam recht schnell wieder ihre normale Gesichtsfarbe zurück, antwortete mir noch nicht, sondern schnappte sich den Schlüssel für die Kasse, guckte rein und meinte es fehle ›Gott sei Dank‹ nichts. Sie schüttelte ungläubig den Kopf und wieder hakte ich nach, was eigentlich los wäre. Dann fing sie an mir zu berichten, dass ihr EL, als sie oben auf der Leiter stand mitteilte, sie brauche nicht nach ihrem Geld zu schauen, es wäre alles noch da und auch sonst fehle nichts. Es wäre kein Einbrecher in der Wohnung gewesen, sondern es sei nur ›Er‹ hier gewesen. Ich schaute meine Mutter völlig sprachlos an und konnte es selbst kaum glauben, was sie da von sich gab. Ich fragte sie, ob sie mich jetzt auf den Arm nehmen wolle und das ernst meine. Sie war total sauer und meinte, sie hätte das nicht nötig, mir so einen Schwachsinn zu erzählen. Sie könne es selbst nicht glauben und das müsste ein schlechter Scherz sein. Ganz ehrlich, aber an diesem Abend, als das passierte, waren wir wirklich beide völlig neben der Spur. Keiner wusste mehr, was er dazu noch sagen oder wie er darüber denken sollte. Wir gingen alles noch mal ganz klar durch, aber kamen auf kein zufriedenstellendes Ergebnis. Ein Einbrecher konnte es tatsächlich nicht gewesen sein, da rein gar nichts fehlte. Auch die Türe war wie zuvor zweimal abgesperrt und es waren auch sonst keinerlei Fremdeinwirkungen auf das Schloss sichtbar. Es hatte definitiv niemand Zugang zu unserer Wohnung. Also was konnte da nur vor sich gegangen sein? Nun, meine Mutter fragte EL dann, was er mit seiner Aussage denn genau meinte. Er erklärte uns, dass Cherry große Angst wegen des Gewitters hatte und ein erneuter Epilepsieanfall bei ihm drohte. Es war definitiv zu gefährlich für ihn gewesen, weiterhin am Boden (wegen der Schränke) zu bleiben. Somit wurde Cherry von ihm in das andere Zimmer auf das weiche Bett sozusagen teleportiert, damit ihm nichts passieren könne. Diese Aussage war für uns beide schier unfassbar und wir wussten überhaupt nicht, wie wir damit umgehen sollten und ob wir dies überhaupt glauben konnten. Allerdings, was dann danach an Geschehnissen folgte, öffnete uns die Augen und wir konnten diese Rückmeldung von EL nicht mehr als Blödsinn abtun. Nur wenige Tage darauf sollte schon das erste wahrnehmbare Ereignis stattfinden, nämlich, als wir eines Abends im Wohnzimmer saßen und fernsahen. Ich saß, wie so oft hinten auf der Couch und meine Mama vorne am runden Tisch auf ihrem Stuhl. Beide Türen und Fenster im Wohnzimmer waren geschlossen. Da es damals schon ein recht kühler Herbst war, hatten wir bereits die Heizung an. Plötzlich wurde es ganz kühl im Zimmer. Cherry, der neben mir auf der Couch lag, riss plötzlich wie vom Blitz getroffen, seinen kleinen Kopf in die Höhe und starrte in die Mitte des Raumes. Er wurde schlagartig ganz unruhig, stand auf, sprang hinab und lief Schwänzchen wackelnd in die Mitte des Raumes. Wir schauten überrascht dem Hund nach, was er da tat und stellten die seltsame Kühle im Zimmer fest. Ich fragte meine Mutter, was da vor sich ging und sie gab zur Antwort, sie wisse es auch nicht. Der Hund verhielt sich, als würde da jemand in der Mitte des Raumes stehen und ihn streicheln. Cherry war offensichtlich total erfreut und beachtete uns gar nicht weiter, als wir ihn riefen. Meine Mutter und ich gingen nun beide zu derselben Stelle und stellten fest, dass von dort aus die Kühle kam. Als wir mit den Händen in der Luft herumtasteten, konnte man ein richtig starkes Kribbeln in den Fingern spüren und alles begann, sich richtig komisch anzufühlen. Meine Mutter holte ihren Biotensor und stellte eine starke Energieform an dieser Stelle fest. Plötzlich hörte sie wieder, die ihr so vertraute Stimme von EL und er teilte ihr mit, dass das, was wir da spüren, seine Energie wäre. Da hier nun offensichtlich etwas vonstattenging energetisch, was für uns in dem Moment nur schwer zu greifen war, hatten wir kaum eine andere Wahl, als diese Aussage von EL tatsächlich in Betracht zu ziehen. Wir konnten es anfangs selbst nur schwer glauben, wobei wir doch schon immer so viel erlebt hatten. Trotzdem war es wieder etwas völliges Neues und anderes. Nicht greifbar und doch existent! Zumindest auf energetischer Ebene und auf einer anderen Schwingungsfrequenz, die viele Menschen nicht sichtbar mit dem Auge wahrnehmen können. Tiere allerdings sehen diese feinstofflichen Energien immer. Als sich die energetische Anwesenheit von EL mehr und mehr häufte, nahm auch unser Hund ihn regelmäßig wahr und freute sich richtig über sein Dasein. Er legte sich immer sofort dahin, wo die Energie im Raum spürbar war. Ebenso tat es später auch die damalige Hündin Cindy, die Hündin von der besten Freundin meiner Mutter. Es war einfach nur Wahnsinn, es mitzuerleben, wie sich Cindy verhielt, wenn plötzlich EL anwesend war. Normalerweise war sie ein Hund, der immer die ganze Zeit bei ihrem Frauchen sitzen blieb, bis sie wieder nach Hause gingen. Jedoch, wenn sich EL für sie zeigte, wackelte Cindy sofort darauf los, machte erst Männchen mitten ins ›Nichts‹, grunzte regelrecht und legte sich dann glücklich und zufrieden mitten in die Energie hinein. Allerdings sollte es noch lange nicht dabei bleiben. Dies war erst der Anfang von alledem. Es ergab sich, dass die

Mutter der besten Freundin meiner Mama, einen sehr schweren Husten bekam und dieser mit der Zeit ins Chronische überging. Sie ging daher zu meine Mutter für eine Behandlung, da ihr der Arzt auch nicht mehr wirklich weiterhelfen konnte. So begann meine Mutter verschiedenerlei Mittel auszutesten, kam aber nicht auf ein geeignetes Medikament. Plötzlich schaltete sich EL geistig ein und sagte ihr, sie solle bitte ein Glas mit Wasser füllen und es auf den Tisch stellen. Sie wusste zwar selbst noch nicht genau, wozu dies dienen sollte, vertraute aber auf seine Worte und machte, was ihr aufgetragen wurde. Sie stellte danach das volle Glas Wasser auf den Tisch und bekam dann die Mitteilung, dass EL nun das Wasser energetisch aufladen und verändern würde, sodass es eine heilende Wirkung auf den Husten der Frau hätte. Kurz darauf war seine Präsenz bereits im Zimmer spürbar. Auch die ältere Dame fühlte die Energie, welche sich um sie begab. Wenige Minuten danach meinte EL zu meiner Mutter, die Dame könne nun das Wasser austrinken, was sie auch gleich in die Tat umsetzte. So trank sie das Glas in vollem Zuge aus und wenige Zeit darauf fuhr sie unverrichteter Dinge wieder nach Hause. Einige Tage danach rief sie meine Mutter an und teilte ihr voller Freuden mit, dass der Husten komplett weg sei, es ihr jetzt wieder richtig gut ginge und sie ihr und EL unendlich dankbar für die Hilfe sei. Diese heilenden Hilfen aus der geistigen Welt sollten sich ab diesen Tag mehr und mehr häufen. Oftmals verhielt es sich sogar so, dass Patienten bei meiner Mutter damals spontane Heilungen erlebten. Ich kann mich zum Beispiel noch sehr gut an eine Frau erinnern, die nach einem schweren Fahrradsturz immer Doppelbilder mit den Augen sah. Sie lief von einem Arzt zum anderen, aber niemand war in der Lage ihr zu helfen. So kam sie dann durch Empfehlungen zu meiner Mutter und hier wurde ihr geholfen. Seither konnte die Frau wieder ganz normal sehen! Das wohl für mich persönlich ergreifendste Erlebnis war, als ich nach langer Zeit irgendwann einmal wieder eine ziemlich heftige Grippe bekam, natürlich einhergehend mit schwerem Husten. Der Husten war in dieser Nacht so schlimm, dass ich trotz Hustenstiller und andere Mittel nicht einmal im Ansatz die Chance hatte, einzuschlafen. Ich musste teilweise total stark brechen vor lauter Gekeuche und es war keine Besserung in dieser Nacht in Aussicht. Ich legte mich nach Mitternacht auf die Couch, während meine Mutter verschiedene Medikamente mit dem Pendel austestete. Plötzlich nahm ich ein großes Licht mit Umrissen wahr, sah, wie dieses auf mich zukam, und fühlte die mir vertraute Energie von EL. Es war so unglaublich schön, was sich mir da in diesem Moment auftat und ich sagte leise zu meiner Mutter, dass EL bei mir wäre. Zugleich sah es förmlich so aus, als beugte sich das Wesen über mich und schon begann es überall zu kribbeln und ganz wohlig warm zu werden. In dem Moment wusste ich, dass er dabei war, mich zu heilen. Ich sagte dann leise zu meiner Mama, dass ich fühlte, wie EL mich heilte und sie meinte, dass ich tatsächlich recht hätte damit, denn er bestätigte ihr dies im selben Moment. Kurz darauf war seine

Energie wieder verschwunden und mir fiel plötzlich auf, dass ich während dieser Zeit nicht mehr gehustet habe. Ich lag regungslos da, weil ich es irgendwie kaum fassen konnte und immer darauf wartete, dass der Hustenreiz wieder eintrat, aber nichts dergleichen passierte. Ich wurde dann schlagartig sehr müde und musste wohl eingeschlafen sein. Daraufhin folgte dann der sogenannte Heilschlaf; am nächsten Tag wachte ich auf und ich war tatsächlich völlig gesund geworden – kein Husten mehr, kein Brechen, Schnupfen oder sonstiges. Alles wie weggeblasen! Wahnsinn! Das ist ein unglaubliches Gefühl, wenn man so etwas einmal erleben darf! Und das sollte nicht das letzte Mal geblieben sein, dass EL bei mir energetisch etwas machte. Es war einmal ein Abend dabei, da kündigte er zuvor an, dass er mit mir etwas energetisch machen würde, damit beide Körperhälften wieder mehr im Einklang miteinander arbeiten können. Es war bei mir schon immer so, dass die linke Seite durch das Klippel-Feil-Syndrom eingeschränkter ist als die rechte. Deswegen ist auch die Hand, der Fuß und das Auge etwas kleiner als auf der anderen Seite. So stellte ich mich inmitten des Raumes und schon begann es wieder, am ganzen Körper zu kribbeln. Mich überkamen im ganzen Körper eine starke Hitze sowie Kälte in abwechselnden Abständen und plötzlich fing ich sehr stark an, zu schwitzen, diesmal allerdings nicht so wie sonst nur auf der rechten Seite, sondern auf einmal strömte mir der Schweiß auf beiden Körperhälften hinunter. Das war für mich ein völlig neues Gefühl, was ich zuvor nicht kannte. Seither schwitze ich immer auf beiden Seiten und auch sonst haben sich kleinere Veränderungen in meinem Inneren deutlich bemerkbar gemacht. Es ging hierbei nicht um eine komplette Heilung meiner Wirbelsäule oder dergleichen, jedoch um eine kleine Erleichterung für meinen Körper und vor allem um beide Körperhälften wieder mehr in Einklang miteinander zu bringen. Dies war wieder ein erneuter persönlicher sowie körperlicher Erfolg für mich. Ich bin auch hier für alles sehr dankbar, was ich durch und mit EL in all den Jahren erleben durfte! Die intensivste Zeit, in der wir ihn alle feinstofflich wahrnehmen durften und bei welchen sich die Heilungen vollzogen, erstreckte sich circa über zwei Jahre. Er teilte uns, kurz bevor sich seine Energieform wieder veränderte, mit, dass er bald nicht mehr feinstofflich wahrzunehmen wäre, sondern für meine Mutter nun wieder mehr im rein geistigen Bereich zu hören wäre. So ist es auch kurz darauf geschehen. Es gab danach nur noch wenige, vereinzelte Momente, in denen seine Energie noch mal kurzfristig präsent war, ansonsten hörte ihn nur noch meine Mutter. Das lag daran, dass sie nun in ihrer eigenen geistigen Entwicklung so weit war, dass sie ganz auf sich allein gestellt sein sollte. Wobei sie dies als solches bis heute nicht ist. Jedoch war auch diese, wenn auch nicht allzu leichte, Abnabelungsphase sehr wichtig für sie. Somit lernte sie immer mehr noch auf ihre eigene innere Stimme zu hören und ihre Intuition noch weiter zu trainieren. Darauf kam es auch letztlich für sie an und das war ein ganz wichtiger Schritt in ihrem persönlichen Entwicklungsprozess.

KAPITEL 9
Träume

Es sollte nicht nur bei Erlebnissen wie diesen bleiben. Mein ganzes Leben besteht größtenteils aus geistigen Visionen und spirituellen Erfahrungen jeglicher Art. Wenn mich Menschen fragen, worauf ich mich spezialisiert hätte, kann ich nur darauf antworten, dass ich mich noch nie auf etwas festgefahren habe. Das könnte ich auch gar nicht, da alles, was bei mir passiert, einfach viel zu schnelllebig ist. Es gab eigentlich noch nie Tage, wo ich sagen könnte, dass mir mal langweilig gewesen wäre oder ich nichts zu tun gehabt hätte. Meine langjährigen und besten Freunde sagen oft zu mir, dass in meinem Leben an einem Tag oft mehr passiert, als bei anderen in einem Monat. Ich kann nur darüber schmunzeln, denn sie haben absolut recht damit. So ist es auch! Selbst wenn ich schlafe, ist kein Moment Ruhe angesagt, denn auch da wandere ich meist sehr bewusst in den Traumwelten umher. So ist es mir ab und an möglich, meine Träume ganz bewusst zu steuern. Auch gab es schon Momente, wo ich durch irgendein Geräusch oder eine Person geweckt wurde, ich aber unbedingt wissen wollte, wie der Traum weiterging. So legte ich mich wieder hin, konzentrierte mich auf die letzte Szene, in der ich mich befunden hatte und stieg dort wieder ins Geschehen ein. Das klappt natürlich nicht immer, aber durchaus des Öfteren. Gerne möchte ich kurz, bevor ich mich in dieses Kapitel meines Lebens weiter vertiefe, noch auf etwas eingehen, nämlich was passiert, wenn ein Mensch schläft und träumt. Viele, die sich spirituell weiterentwickeln, sind sich darüber durchaus im Klaren, andere wiederum weniger, daher will ich das gerne an dieser Stelle kurz etwas näher erklären. Wenn der Körper sich in den Ruhezustand des Schlafes bewegt, beginnt sich die Seele von diesem zu lösen und auf Wanderschaft zu gehen. Teilweise verarbeitet auch das Unterbewusstsein Erlebtes der vergangenen Stunden und dies kann sich durchaus auch in Alpträumen widerspiegeln, je nachdem, was bei dem Einzelnen vorausgegangen ist. Die Seele löst sich natürlich nicht komplett vom Körper, sie bleibt durch eine Silberschnur mit dem Herz-Chakra verbunden. So ist es uns möglich, sogenannte Seelenwanderungen zu machen. Das geschieht ebenfalls bei einer Astralreise, nur, dass man hier ganz bewusst seine Seele wandern lassen kann. Du wirst bestimmt auch schon einmal das Erlebnis gehabt haben, kurz vor dem Einschlafen gewesen zu sein und plötzlich zu erschrecken, weil es dir vorkam, als seist du heruntergefallen. Das liegt daran, dass sich die Seele beim Austreten aus dem Körper vor irgendetwas erschrocken hat und sie sich dadurch ruckartig und schnell wieder hineinbewegt hatte. Das wiederum vermittelt uns das Gefühl des Fallens. Nun, ich für meinen Teil, bin einer dieser Menschen, die in der Lage sind, Träume eben sehr bewusst zu erleben. Das war schon immer so. Ich kann mich selbst noch heute an Träume aus meiner Kindheit zurückerinnern, zum

Beispiel bei Dingen, die für mich sehr wichtig waren. In jener Zeit, in welcher sich meine Seele außerhalb meines Körpers befindet, fühle ich mich völlig frei und losgelöst. Ich habe einen ganz anderen, viel spezielleren Zugang zu höheren Sphären. Viele Träume, die ich schon hatte, beinhalteten wichtige Botschaften für mein Leben, aber auch manchmal für andere, je nachdem, worum es sich gerade handelt. Meine Gabe ist mir schon sehr früh durch den physischen Tod meines Opas bewusst gemacht worden und seitdem bin ich in der Lage, im Traum die Verstorbenen noch einmal zu sehen. Meist verabschieden sie sich von mir und teilen mir noch etwas auf dem Weg mit. Es ist unglaublich schön, was ich da schon alles erleben durfte und ich möchte gerne ein paar Beispiele erzählen. Eine Bekannte von mir ist damals bei einem Autounfall ums Leben gekommen. Sie hatte kein leichtes Leben und war immer sehr unglücklich. Ich hatte sie kaum lächeln sehen und wenn, dann meist nur ein verkrampftes Lächeln, aber es kam nie tief aus ihrem Herzen heraus. Dazu kam, dass sie dann die letzten Jahre ihres noch sehr jungen Lebens einen Partner hatte, der sie zusätzlich nach unten zog. Ich weiß noch, wie sehr es mich damals traf, als sie verstarb, zumal sie einfach noch so jung und dazu im siebten Monat schwanger war. Leider konnte auch ihr Kind nicht mehr gerettet werden. Es war sehr tragisch. So vergingen einige Tage nach ihrer Beerdigung. Eines Nachts im Traum zeigte sie sich mir. Ich sah sie vor mir stehen, in wunderschönem gleißend hellem Schein. Sie leuchtet durch und durch und strahlte übers ganze Gesicht. So hatte ich sie zu Lebzeiten nie lachen sehen! Sie nickte mir zu und vermittelte mir geistig, ohne dass sich dabei ihre Lippen bewegten, dass es ihr nun gut ginge und sie mit der Seele ihres Kindes vereint sei. Sie ließ mich ihre ganze Liebe und Glückseligkeit vollkommen spüren. Es umgab mich ein so warmes Gefühl der absoluten Zufriedenheit und Glückseligkeit. Sie verabschiedete sich von mir und danach wachte ich auf. Ich bedankte mich im Bett noch einmal geistig bei ihrer Seele, dass sie von mir Abschied genommen hatte und mir zeigte, dass es ihr nun gut ginge. Es freute mich sehr und ich war sehr dankbar, für dieses Erlebnis. Auch bei meiner Uroma passierte Ähnliches, sie verabschiedete sich ebenfalls auf diese Weise. Der Traum als solcher war schon sehr interessant. Ich begab mich dort zum Haus meiner Großeltern, stand vor der Tür und klingelte. Ein Fremder, den ich zuvor noch nie gesehen hatte, öffnete mir lächelnd die Tür und bat mich mit einer Handbewegung herein zu kommen. Ich betrat somit das Haus und ging in den Wohnbereich. Dort war der Raum voll mit Menschen, alles Leute, die ich noch nie zuvor gesehen hatte, doch spürte ich, dass sie ein Teil meiner Familie waren. Ich sah sie alle, wie sie angeregt miteinander kommunizierten, ihre Lippen bewegten, aber ich konnte nichts von ihnen hören. So drehte ich mich in Richtung Sessel hinüber und in dem Moment erblickte ich dann in vollem Antlitz meine Uroma darinsitzend. Das Faszinierende war, dass sie dort im Sessel viel jünger und schlanker aussah und sie trug wieder das blaue Kleid, welches sie in meinen Kindertagen sehr oft und gerne trug. Uroma lächelte mir nun nickend zu, strahlte mich an und plötzlich vernahm ich ihrerseits geistig, dass es ihr gut ginge und sie sich nun von mir verabschieden wolle. Auch die Personen, welche sich zu diesem Moment im Raum befanden, vermittelten mir zusätzlich, dass sie alle bereits verstorben waren und zu meiner Familie gehörten. Es waren alles verstorbene Verwandte (väterlicherseits), welche ich dort sah, nur dass ich ihnen persönlich in diesem Leben nie begegnet war. So nickte auch ich ihnen und meiner Uroma dankend zu und verabschiedete mich von ihnen. Diese Art Erlebnisse in Träumen hatte ich immer wieder, wenn es um Verstorbene ging. Zweimal davon sollte ich einem noch lebenden Menschen eine wichtige und persönliche Botschaft vermitteln. Einer davon war mein Vater. So zeigte sich auch einmal im Traum ein ehemaliger guter Freund meines Vaters, den ich als Kind nur wenige Male zu Gesicht bekam und ich somit mit diesem Mann an sich nie groß zu tun hatte. So sah ich ihn einige Jahre später nach seinem Tod plötzlich vor mir, mit einer wichtigen Nachricht an meinen Papa gerichtet, welche ich am nächsten Tag gleich weitergab. Sie berührte meinen Vater sehr, zumal sie zuletzt leider nicht mehr den besten Kontakt miteinander hatten. So konnte hier Klärung entstehen, die sehr wichtig zu diesem Zeitpunkt war. Es gibt auch manchmal Träume, in denen ich auf irgendwelche Zeichen, Zahlen oder Formen stoße und ich denen kurz daraufhin im Hier und Jetzt begegne. So erging es mir zum Beispiel schon mit verschiedenen

Arbeitsstellen in München. Ich begann dort zu arbeiten und diese hatten dann die entsprechenden Hausnummern, welche ich wenige Tage oder Wochen zuvor in meinen Träumen gesehen hatte, obwohl ich zu diesem Zeitpunkt noch gar nichts von der neuen Arbeitsstelle gewusst hatte, die auf mich zukommen sollte. Auch hatte ich im Traum schon kurze Einblicke in frühere Leben bekommen, in denen ich mich zum Beispiel selbst als Heilerin gesehen hatte und mit Kräutern experimentierte, was sich auch später mehrere Male bestätige, dass dem so sein sollte, sowohl durch verschiedene Hellseher, die ich persönlich kenne, als auch durch eigene Visionen. Es ereigneten sich aber auch Träume, in denen mir andere Welten gezeigt wurden, die wohl auf unterschiedlichen Ebenen existieren. Einer dieser Träume darunter war für mich auch recht besonders. In diesem ging ich durch einen Wald spazieren, so wie ich ihn hier von uns kenne. Plötzlich sah ich etwas Gnomartiges vorbeihuschen. Ich dachte zuerst im Traum, es sei vielleicht ein Hase oder so etwas gewesen. Als jedoch etwas halb Menschliches, halb Tierisches zwischen zwei großen Bäumen, die mit ihren Wipfeln ineinander verschlungen waren und aussahen wie ein großes Tor, hindurch lief. Ich folgte diesem Geschöpf neugierig und ging ebenfalls hindurch. Als ich so durch dieses Tor ging, fiel mir auf, dass ich mich nicht mehr im selben Wald befand wie zuvor. Alles, was ich vor mir sah, leuchtete ganz anders und viel farbintensiver. Die Gerüche und Eindrücke waren viel kräftiger und eindrucksvoller. Vor meinem geistigen Auge sah ich, mir völlig unbekannte Pflanzenarten und auch der Himmel strahlte in verschiedenen Farben. Auf einmal sah ich wieder dieses Wesen vor mir, welchem ich eigentlich gefolgt war. Es stand in ganzer Pracht und Herrlichkeit auf zwei Pferdebeinen mit einem menschlichen Gesicht und Hörnern auf dem Kopf (ähnlich wie man es oft aus Fabelmärchen und manchen Filmen kennt) vor mir. Dieses Wesen, schritt nun langsam auf mich zu und sah mich durchdringend, dennoch aber mit einem liebevollen Blick an, und begann mit mir geistig zu sprechen. Der Zentaur teilte mir mit, dass dies die Welt sei, in welche sich Wesen, wie er es war und andere fabelartige Geschöpfe aufhielten. So erklärte er mir weiter, dass sie vor sehr langer Zeit auch einmal auf unserem Planeten existiert hätten. Es gäbe wohl auch bestimmte Menschen, denen die Möglichkeit gegeben sei, ihre Welt im Traum oder auf anderer Ebene zu besuchen. Auch ich gehöre zu denen, für welche ihre Welt für einen kurzen Augenblick offenbart werden darf. Er führte mich umher und erklärte mir noch vieles mehr, unter anderem auch, dass es schon seit jeher Sagen und Märchen über sie gäbe, weil die Menschen ihnen vor vielen Jahrhunderten immer wieder einmal auf irgendeine Art und Weise begegnet waren. In der heutigen Zeit würden Menschen über sie Filme drehen und Bücher schreiben, weil es immer wieder vereinzelt Personen möglich gemacht werden würde, ihre Welten in irgendeiner Form zu betreten. So wie mir das Wesen all dies erklärte, verstand ich manches viel besser und konnte die Dinge klarer nachvollziehen. Und so kam es mir dort noch wie eine wunderschöne Ewigkeit vor, während wir durch unseren Wald dahin schlendern. Es war viel zu kurz, um alles festhalten zu können! Ich wollte diesen Moment mit ihm und den anderen Elfen und dem gnomartigen Wesen, gar nicht mehr vergehen lassen, doch war es irgendwann wieder an der Zeit, den Wald zu verlassen. So verabschiedeten wir uns, ich trat durch das Baumtor hindurch und befand mich wieder in dem mir zuvor bekannten Wald aus meinem Traum. Sowie ich zurück war, wachte ich auch schon auf. Ehrlich gesagt, überkam mich sogar ein kurzer Augenblick der Trauer, da ich wusste, dass ich so schnell diese Ebene nicht mehr betreten würde und doch war ich zutiefst dankbar und glücklich über dieses Erlebnis. Das Schöne ist auch wirklich, dass ich mir meine Träume nie aufschreiben muss, denn wenn sie von Wichtigkeit und Bedeutung waren, konnte ich diese bis heute nicht vergessen. Ich hatte mit 15 Jahren auch einmal eine mir sehr bedeutsame Begegnung im Traum mit einem männlichen Seelenanteil von mir, sozusagen eine Art Seelenbegleiter aus meiner Seelenfamilie. Ich befand mich bei der ersten Begegnung auf einer wunderschön leuchtenden, sattgrünen Wiese mit hohen Blumen. Dort sah ich erst mit dem Rücken zu mir stehend ein männliches Wesen mit kurzen, schwarzen Haaren. Ich ging in seine Richtung und er drehte sich um. Ich schaute in seine wunderschönen, leuchtenden Augen und er lächelte mich von ganzem Herzen an. Ich wusste in diesem Moment, dass wir schon ewig eins miteinander waren und er ein Teil von mir ist – sozusagen ein männlicher Anteil von mir. Sein Gesicht war ganz weich und zart, so, wie man sich auch einen Engel vorstellen darf. Er schloss mich in seine Arme, ohne auch nur ein Wort zu sagen und wir hielten eine ganze Ewigkeit in dieser Position inne. Es war alles ganz und gar vertraut und einfach nur wunderschön und zeitlos. Irgendwann lagen wir dann regungslos und zusammengekuschelt auf der Wiese und beobachteten den Himmel. Bevor der Traum dann zu Ende ging, sagte er mir, ich würde ihm wieder begegnen, er wäre immer an meiner Seite und würde mich auf meinem Weg weiter begleiten. So war es auch, ich sah ihn in meinen Träumen in größeren Zeitabständen immer wieder. In meinem vorletzten Traum, den ich vor einigen Jahren von ihm hatte, teilte er mir seinen Namen mit. Ich sah plötzlich, wie sich vor meinem geistigen Auge jeder einzelne Buchstabe genau formte. Erst ein G, dann ein I, ein A, zweimal ein R und zuletzt ein A. Ich hörte den Namen ganz laut noch einmal klangvoll in meinen Ohren schwingen. GIARRA ...! So riss es mich aus dem Traum und ich sah noch immer die Buchstaben, als hätte man mir den Namen in die Augen gebrannt, vor mir und vernahm ihn geistig, klar und deutlich. Selbst wenn ich nicht von ihm träume, weiß ich dennoch, dass er mich begleitet, und auch da erkenne ich viele Eingebungen, die mich in meinem Tun und Leben unterstützen. Was meine Träume betrifft, gibt es auch manchmal Ereignisse, die ich in Träumen sehe und die sich dann irgendwann ereignen. Meist handelt es sich immer um kleinere Sachen, die mich selbst oder meine nähere Umgebung betreffen.

Einmal jedoch hatte ich einen Traum vom Teide, dem Vulkan auf Teneriffa. Als ich davon träumte, war ich ebenfalls 15 Jahre alt und lebte bereits nicht mehr auf Teneriffa. Ich befand mich im Traum plötzlich wieder auf der wunderschönen Insel. Ich stand dort auf einer Klippe und sah auf den weiten Atlantik hinaus. Ruckartig verspürte ich eine immer stärker werdende Vibration im Boden. Es fing richtig an zu beben. Von meinem Gefühl her war es so, als würde dies nicht nur auf der Insel passieren, sondern als würde es außerhalb der Insel ebenfalls unterirdische Beben im Meer geben. Ich drehte mich um und plötzlich fing der Vulkan in hohem Bogen an, Feuer zu spucken. Ich kann leider nicht genau sagen, wo ich mich im Traum auf der Insel befand, aber der Vulkan lag sehr weit weg von meinem Blickfeld und ich sah, wie auf der einen Seite die Lava hinunterfloss. Ich stand dort wie angewurzelt und schaute diesem Ereignis aus der Entfernung erschrocken zu. Ich könnte nicht sagen, wie viel Zeit dazwischen lag, da man ja im Traum kein Zeitgefühl mehr hat. Mir war auch bewusst, dass ich dort zu diesem Zeitpunkt nicht wirklich anwesend war, sondern nur ein Teil von mir, das mit ansah, und ich deshalb nicht imstande war, etwas zu tun. Völlig überraschend sah ich auf einmal von dieser Klippe aus, wie eine riesige Welle auf Teneriffa zuraste. Ich sah, wie sie auch auf mich mit einer enormen Geschwindigkeit zukam. Kurz bevor sie aufprallte, wachte ich zutiefst schockiert auf. Ich grübelte lange, ob dieser Traum nun ein Wahrtraum sei oder nur eine Wahrscheinlichkeit aufzeigen sollte. Ich könnte nicht sagen, wie schwer es Teneriffa nun genau treffen würde, falls so etwas je eintreffen sollte, genauso wenig könnte ich dazu zeitliche Angaben machen. An dieser Stelle ist es mir auch wichtig zu betonen, dass ich niemanden in irgendeiner Form beunruhigen oder gar Angst machen möchte. Im Gegenteil! Es ist immer sehr wichtig, dass man so viele lichtvolle Gedanken hinausschickt, wie nur möglich, rund um unseren schönen Planeten Erde und unseren Kosmos hinaus. Wenn das jeder Einzelne für sich täglich bei einer Meditation oder einem stillen Gebet macht, kann schon viel Positives bewirkt werden. Davon bin ich überzeugt und dessen darfst auch du dir bewusst sein!

KAPITEL 10
Visionen & Erlebnisse

Immerfort begleiteten mich über die Jahre viele Visionen, nicht nur in meinen Träumen, wie schon zuvor angesprochen, sondern natürlich auch im Alltag. Es verging im Grunde nie wirklich ein Tag, ohne dass ich nicht irgendeine Vision vor Augen hatte oder eine geistige Eingebung. Das äußerte sich in den verschiedensten Formen. Es gab noch nie eine Norm in meinem Leben, nach der ich mich richten konnte. Diese Dinge passieren einfach und ich lasse sie passieren. Über die Jahre hinweg hat es sich immer mehr so entwickelt, dass ich Bilder sah und dazu eine entsprechende Emotion empfand. Später begann ich dann irgendwann, in verschiedenen Situationen eine Stimme wahrzunehmen, die mir Dinge voraussagte, die passieren würden, oder die mir entsprechende Hinweise erteilte. Ich kann mich ehrlich gesagt nicht mehr genau erinnern, zu welcher Zeit das mit der Stimme eingesetzt hat. Es dürfte aber schon wieder einige Jahre zurückliegen. Es war jedenfalls während der Jahre, in denen ich verheiratet war, als es so richtig losging. Ich kann mich noch gut erinnern, was das für ein Gefühl war, wie ich plötzlich eine ganz feine Stimme in meinem Ohr wahrnahm. Sie war relativ unähnlich zu meiner Stimme, aber dennoch weiblich und ganz zart und fein zu vernehmen. Zuerst wusste ich auch nicht so recht, ob ich mir das nun nur eingebildet hatte, oder dies wirklich real passierte. Allerdings, als die Stimme öfter kam, immer, bevor etwas Wichtiges eintraf, konnte ich nicht anders, als es in Liebe anzunehmen und darauf zu achten, ob ich sie wieder hörte und sie mir etwas mitzuteilen hatte. Gerade in Gefahrensituationen wurde ich früh genug darauf hingewiesen, um auf mich aufzupassen. Es ist nicht so, dass ich mich nun ausschließlich darauf stütze. Das könnte ich auch gar nicht, da ich nur bei bestimmten Erlebnissen hingewiesen werde. Bisher gab es selten die Momente, dass auch ich einmal nachfragen konnte, was mich denn erwartet. Ich weiß, dass es auch nicht gut wäre, da man einfach lernen sollte, auf sein Gefühl zu hören und sich nicht auf andere zu verlassen. Es gilt, die eigene Intuition zu schulen! Das ist ganz wichtig und man sollte nie die Verantwortung seines eigenen Lebens in die Hände anderer legen. So macht man sich abhängig und unselbstständig! Man verlernt dadurch, auf sein Gefühl zu hören und dabei ist gerade die Intuition eines der wertvollsten Eigenschaften, die wir Menschen haben. Eigenverantwortlich für sein eigenes Leben zu handeln ist sehr wichtig. Alle anderen Dinge sollten nur als kleine Stütze dienen. So habe ich das ebenfalls für mein Vorankommen gesehen und wunderbar mit meiner geistigen Unterstützung in Einklang gebracht. Ich weiß noch gut, wie mich mal mein Schutzengel vor Schlimmeren bewahrt hatte. Damals war ich beim Picknicken mit meiner besten Freundin, und wie wir so dasaßen und uns auf der Wiese unterhielten und aßen, war ich bereits im Begriff, den nächsten Bissen von meiner Wurstsemmel (damals aß ich noch Fleisch) zu nehmen. Ich hatte die Semmel bereits im Mund und die Zähne waren dabei, durchzubeißen. Plötzlich warnte mich etwas innerlich, ich wusste nicht was es war, aber es drängte mich ganz stark dazu, die Semmel nicht abzubeißen und wieder aus dem Mund zu ziehen. Als ich das tat, dachte ich mir noch im selben Moment, ob ich nicht ganz bei Trost sei und was ich da eigentlich gerade tue. Da schaute ich auf die Semmel und mich traf fast der Schlag, als ich eine Wespe auf meiner Semmel sitzend erblickte. Sie musste sich kurz zuvor drauf gesetzt haben. Ich will gar nicht mehr daran denken, was alles passieren hätte können, zumal ich Wespenstiche noch nie gut vertragen hatte und regelrecht allergisch darauf reagierte. In dem Moment tat ich die Semmel sofort weg und bedankte mich bei meinem Schutzengel. Später, als ich heimkam, ging ich gleich zu meiner Mutter und wollte ihr davon erzählen. Bevor ich überhaupt loslegen konnte, ihr davon zu erzählen, fing sie an zu sagen, dass ihr EL mitgeteilt habe, dass ich heute einem großen Unglück entkam und mich mein Schutzengel vor dem Schlimmsten bewahrt hatte. Wow! Das sind Momente der ganz großen Dankbarkeit! Eine andere Situation hatte ich einmal auf Teneriffa gehabt, welche auch viele andere Kinder miterlebten. Ich habe damals, da ich ja gesundheitlich dort viel stabiler wurde, sogar mit den Kindern Fußball, Baseball und Basketball mitgespielt. An einem der Tage waren wir auch wieder am Fußballspielen. Einer der größeren Jungs kickte mit voller Kraft gegen den Ball und dieser flog geradewegs(unbeabsichtigt) genau auf mein Gesicht zu. Ich vergesse nie, mit welcher Geschwindigkeit und Wucht dieser Ball auf mich zuraste. Schlagartig war es, als hätte man für einen Bruchteil von Sekunden die Zeit angehalten und circa ein bis zwei cm vor meinem Gesicht war es, als würde der Ball stehen bleiben. Es sah so aus, als würde man ihn regelrecht festhalten und weiter nach oben versetzen. Genau so nahm ich es in diesem Moment ganz klar wahr, nur, dass ich keine manifestierten Hände vor mir sah. Schon im nächsten Augenblick, ehe ich mich versah, schoss er über meinen Kopf hinweg, sodass ich noch den Luftzug über meinem Haar spürte, knallte hinter mir donnernd an der Wand auf und sprang hinfort. Ich war starr vor Schreck und alle anderen schauten wie vom Blitz getroffen. Eines der Kinder meinte: »Was war das denn? Der Ball hatte plötzlich die Höhe verändert, wie ist das möglich? Er hätte dein Gesicht treffen müssen, so wie der flog!« Der andere Junge entschuldigte sich sofort vor Schock bei mir und alle anderen wussten in dem Moment nicht, was sie sagen konnten. Auch mir blieb die Sprache weg. Ich glaube, wenn der Fußball mich in dem Moment getroffen hätte, hätte mein Gesicht sicherlich sehr schwere Schäden davongetragen, da der Lederball von diesem Jungen mit einer wahnsinnigen Power geschossen wurde. Keiner von uns Kindern hatte eine wirkliche Erklärung für dieses Ereignis und wir sprachen danach auch nicht mehr viel darüber, wobei ich mir im Klaren darüber bin, dass auch hier wieder himmlische Mächte am Werk waren, die mich beschützten. Ich habe auch noch eine andere sehr grausige Situation in Erinnerung, bei welcher ich um Hilfe nach Engeln gerufen hatte. Ich weiß noch, dass in dieser Nacht irgendetwas sehr Negatives meinen Körper regelrecht gelähmt hatte. Mein Kinderzimmer war damals im Umbau und ich schlief ein paar Nächte in dem Schlafzimmer von meiner Mutter auf einem Gästebett, welches neben dem ihrigen stand. Ich schlief dort so weit sehr gut, da fehlte nichts, bis ich nach zwei oder drei Nächten aufwachte und mich nicht mehr bewegen konnte. Wenn ich daran gerade zurückdenke, ist es heute noch ein komisches Gefühl, das mich überkommt. Wie gesagt, ich öffnete die Augen und ich fühlte zwar meinen Körper, aber war nicht in der Lage, auch nur den kleinen Finger zu bewegen. Nicht einmal das Gesicht zu drehen funktionierte noch! So glitten meine Augen in die Richtung meiner Mutter und ich wollte um Hilfe schreien, aber selbst das war nicht mehr möglich. Ich hatte eine große innere Panik bekommen, wie du es dir nicht vorstellen magst. Ich hatte das Gefühl, als würde irgendeine negative Macht versuchen, über meinen Körper Besitz zu ergreifen. Als ich mir dessen bewusst wurde, fing ich innerlich an zu beten. Ich rief geistig laut um Hilfe, holte mir alle Erzengel, sowie meinen eigenen Schutzengel und bat sie, mich von dem Bösen, das wohl meinen Körper besetzen wollte, zu befreien. So visualisierte ich mental gleißend weißes Licht im Zimmer und hüllte meinen Körper damit völlig ein. Es dauerte nicht lange, plötzlich begann ich zu zittern und die Tränen liefen mir die Wangen hinunter. Abrupt war ich aus diesem grauenvollen Zustand befreit und war wieder in der Lage, mich zu bewegen. Ich kann bis heute nicht wirklich erklären, was genau da vor sich ging, aber ich bin ziemlich überzeugt davon, dass sich da irgendwelche dunklen Energien meines Körpers bemächtigen wollten. Als ich dann zu beten begann, konnte sich diese Energie nicht weiter halten und wurde blockiert, somit musste sie von mir ablassen. Ich redete am nächsten Tag auch mit meiner Mutter über dieses nächtliche Ereignis und auch sie bekräftigte mich, dass ich mich genau richtig verhalten hätte, in dem was ich tat. Auch meinte sie, es müsste wohl etwas versucht haben, von mir Besitz zu ergreifen. In diesem Zeitraum hatte ich übrigens auch meine erste kurze außerkörperliche Erfahrung gemacht. Ich saß abends mit meiner Mama im Wohnzimmer und wir schauten fern. Sie saß (wie meistens) wieder vorne an dem runden Wohnzimmertisch und ich gemütlich hinten auf der Couch, mit Blick auf den Fernseher gerichtet. Auf einmal befand ich mich geschätzte 1 ½ Meter außerhalb meines kleinen Körpers. Ich sah alles vor mir aus einer Art Vogelperspektive, von der Deckenhöhe aus betrachtet. Dort erblickte ich dieses kleine, zarte Mädchen auf der Couch sitzend und auf den Fernseher blickend, während ihre Mutter weiter vorne saß und ebenfalls in den Fernseher schaute. Das war ein total seltsames und doch irgendwie ganz normales Gefühl, mich da so sitzen zu sehen. Es war, als würde ich meinen eigenen Film betrachten, eine Szene aus meinem Leben. So schnell ich das sah, so rapide war ich auch wieder zurück in meinem körperlichen Sein-Zustand. Mich hat es richtig gerissen wegen dem, was ich da gerade gesehen hatte. Schnell drehte ich meinen Kopf in die Richtung meiner Mutter, um erst einmal richtig zu realisieren, ob ich mich auch wirklich wieder in meinem Körper befand. Wenn man so etwas zuvor noch nie erlebt hatte, kann das schon sehr unangenehm sein, vor allem, wie es in meinem Fall war, völlig unvorbereitet und nicht bewusst herbeigerufen. Diese außerkörperlichen Erfahrungen mache ich seither immer wieder, vor allem bei Meditationen. Mittlerweile bin ich schon eher darin geübt, sodass es nicht mehr ganz so unkontrolliert passiert, dass meine Seele den Körper verlässt. Was mir außerdem schon seit meinem fünfzehnten Lebensjahr immer wieder passiert, ist, dass ich plötzlich Visionen von Freunden oder Bekannten habe, in welchen ich sie in ihren früheren Leben sehe. Einmal sah ich meine beste Freundin, als ich sie ganz normal wie immer zur Tür hinausbegleitete vor mir stehend als Mann in einem römischen Legionärsgewand. Ich war völlig überrascht, da ich sie kaum wiedererkannte, jedoch wusste ich anhand ihrer Augen sofort, dass sie es war. So schoss es mir sofort aus dem Mund und ich sagte zu ihr, dass sie in einem ihrer ehemaligen Leben ein römischer Soldat war. Ich hatte in dem Augenblick, als ich die Vision von ihr sah, einfach dringend das Bedürfnis, ihr das mitzuteilen. Sie sah mich völlig verwirrt an, da sie mit solcherlei Dingen zu damaliger Zeit rein gar nichts anfangen konnte, meinte dann aber, irgendwie könne sie sich das komischerweise vorstellen. Einen anderen Bekannten von mir sah ich einmal als Künstler geistig vor mir, um genau zu sein, als Bildhauer in Griechenland, ebenso wie eine meiner langjährigen Freundinnen, welche ich schon als Wikinger in einer Schlacht kämpfen sah. Ich hatte noch einige solcher Einblicke in frühere Leben von Freunden und Bekannten. Es passiert einfach und plötzlich sehe ich irgendeine, wichtige Sequenz aus deren Vorleben. Auf Abruf war es zwar bisher noch nicht ganz so möglich, aber ich glaube, dass auch das noch irgendwann auf mich zukommen wird – alles zu seiner Zeit. Nun folgen noch ein paar mehr meiner Visionen, die ich so im Laufe der Jahre immer wieder hatte. Hierbei beschränke ich mich allerdings nur auf eine der nennenswertesten für mich. Eine Situation hatte ich, da stand ich am Bahnhof und wartete ganz normal auf den Zug. Von einer Sekunde auf die andere sah ich (wohl in weiterer Zukunft), wie es schien, als ob die Züge nicht mehr auf Gleisen fahren würden, sondern in der Luft schwebten. Ich würde sagen, dass dürften gute 15–20 cm Abstand vom Boden gewesen sein. Sie waren um ein Vielfaches schneller, so, wie sie es bis heute noch nicht sind. Im nächsten Moment vernahm ich das Wort ›Magnettechnologie‹. Es ist aber kein Vergleich, zu den Magnetschwebebahnen, die es bisher wohl schon gibt. Das, was ich in meiner Vision wahrnahm, sah um Klassen besser und technologischer aus und befand sich über dem Boden. Das war ein wirklich faszinierendes Zukunftsbild, aber was diese Vision betraf, war leider keine Zeitangabe für mich erkennbar, wobei ich mir vorstellen könnte, dass wir auch hier davon nicht mehr so weit entfernt sind. Jedoch macht es mir auch zugleich große Sorgen, so wunderbar und weit sich unsere Technologien doch befinden, aber wir sind leider geistig noch nicht so weit, sie richtig einzusetzen. Der Mensch missbraucht größtenteils die moderne Technologie und treibt damit großen Unfug. Vor allem macht sich jeder Einzelne doch mehr und mehr abhängig von alledem. Ein wahrlich weiser guter Freund in meinem Herzen hat mir mal gesagt, dass Technologie ohne Weisheit zerstörerisch wäre. Mit seinen Worten hatte er absolut Recht! Der Mensch nutzt die technischen Möglichkeiten nicht im Sinne aller, sondern im Sinne des Einzelnen! Ich möchte dabei an Tesla erinnern, der wahrhaftig einer der Erfinder mit dem höchsten Gut an Nächstenliebe war, denn er wollte die ganze Welt mit freier Energie für alle versorgen. Dabei wollten die Großkonzerne und Finanziers nicht mitmachen und entsagten ihm weitere finanzielle Unterstützungen. Zugleich begannen sie damit, seine Erfindungen für ihre niederen Zwecke zu missbrauchen und heute machen sie das große Geld auf der Welt damit, so, wie es letztlich auch mit vielen anderen Dingen läuft! Ich wünsche mir aus tiefstem Herzen, dass auch hier die Menschen immer wacher werden und sehen, was wirklich auf unserer Welt passiert. Es ist noch lange nicht zu spät, um die Dinge zu ändern! Eine meiner weiteren Visionen betrifft das Kernkraftwerk in Japan. Ich weiß noch, an dem Morgen, als ich meine E-Mails lesen wollte, kam mir gleich auf der ersten Seite die Nachricht entgegen, es sei ein schweres Erdbeben in Japan passiert und ein

Tsunami hätte gewütet. Später kam mein damaliger Mann nach Hause, während ich gerade die Nachrichten aufmerksam verfolgte. Ich sah ihn an und meinte: »Tom, das gefällt mir nicht in Japan! Ich spüre eine große Gefahr! Nicht wegen des Tsunamis, das ist es nicht allein. Die Atomkraftwerke werden Probleme machen und das Ganze nimmt noch sehr enorme Ausmaße an.« Leider bestätigte sich dies Stunden später bereits. So erging es mir auch damals bei dem Tod von Michael Jackson. Mein Mann sah mich an und meinte, was ich denn jetzt so herumspinne, das würde schon wieder werden. Doch ich sagte nur total betroffen und verweint: »Tom, er ist bereits gestorben, die ganzen Wiederbelebungsversuche bringen nichts mehr. Ich spüre seine Energie nicht mehr.« Dann sagte ich noch, dass in ca. 2 bis 3 Stunden einer seiner Brüder seinen Tod offiziell im Fernsehen verkünden würde. Ich blieb so lange wach, bis die Nachricht öffentlich wurde. Mein Mann schüttelte nur noch den Kopf und meinte, dass ich ihm von Mal zu Mal mit meinen Vorhersagen unheimlicher würde. So erging es mir von jeher in allen Lebenslagen, dass ich vieles einfach im Voraus gefühlt und wahrgenommen habe. Es gab da auch einmal vor einiger Zeit einen Versuch, den ich machte. Ich wollte wissen, ob es mir möglich wäre, wenn ich mich darauf konzentriere, die Lottozahlen zu sehen. Mein Vorteil an diesem Nachmittag war, dass es einfach nur ein lustiger Versuch meinerseits war. Ich war völlig erwartungslos, gedanklich frei und ungezwungen. Ich hatte keinerlei Hoffnungen und Wünsche darin gesetzt, sondern mich einfach nur hingestellt und die Energien geistig fließen lassen, um zu sehen, ob und was passieren würde. So schloss ich die Augen und plötzlich taten sich sehr schnell und teilweise auch verschwommen sechs Zahlen vor meinem inneren Auge auf. Ich versuchte eilig, die Zahlen anzukreuzen, da alles sehr flott ging und ich kaum mit dem Ankreuzen hinterherkam. Da alles sehr schnell ging, sah ich die letzten beiden Zahlen leider nur verschwommen. So erblickte ich zum Beispiel bei der einen am Anfang eine Drei und die zweite Zahl daneben erkannte ich nicht mehr, deshalb habe ich sie geraten. Auch bei der letzten Ziffer ging es mir zu hastig und ich merkte sie mir leider nicht. Ich gab somit den Schein mit meinem Tipp belustigt ab und dachte nicht weiter darüber nach und ließ es geistig und bewusst völlig los. Zuhause angekommen telefonierte ich mit meinem Vater und erzählte ihm ganz nebenbei, dass ich einmal ausnahmsweise Lotto gespielt hätte und die Zahlen gesehen hatte, bis auf zwei Zahlen, die zu undeutlich für mich waren. Er lachte ungläubig am Telefon und fragte mich nebenbei nach den Zahlen, die ich ihm vorlas und wir beendeten danach wieder das Gespräch. Was ich nicht wusste war, dass er sich nebenbei die Zahlen aufschrieb, um meine Zahlen mit seinen zu vergleichen. Ich war an diesem Mittwochabend bei einem Liveauftritt einer Band unterwegs. Irgendwann klingelte mein Handy, mein Vater rief an und war völlig aufgeregt am Telefon und sagte zu mir: »Das gibt es doch nicht, da spielt meine Tochter einmal Lotto und hat doch glatt fast 6 Richtige!« Um genau zu sein, hatte ich letztlich 4 richtige Zahlen, es waren die vier Nummern, die ich ganz genau erkannt hatte. Bei der fünften Zahl handelte es sich um jene Zahl, die ich geraten hatte, aber tatsächlich – die Drei am Anfang stimmte. Ich war natürlich auch aus dem Häuschen vor Freude, jedoch nicht wegen des kleinen Gewinns, sondern wegen der Tatsache, dass der Versuch tatsächlich funktioniert hatte. Das war schon ein tolles Gefühl, wobei ich so etwas nicht noch einmal versuchen wollte. Dies erkläre ich auch an dieser Stelle sehr gerne. Meiner persönlichen Überzeugung nach würde ich bei einem nächsten solchen Versuch nicht mehr so locker bleiben können wie beim ersten Mal. Ich würde sicherlich bei einem zweiten Versuch mit einer gewissen Erwartungshaltung an die Sache herangehen und wäre nicht frei vom materiellen Denken, was sich dann bei mir automatisch mit einstellen würde. Außerdem bin ich der Meinung, wenn mir ein Gewinn oder anderweitig so viel Geld zusteht, dann bekomme ich es beizeiten sowieso – wenn nicht auf diesem Weg, dann auf eine andere und wahrscheinlich viel bessere und gesündere Art und Weise. Es war einfach ein interessanter Test für mich gewesen, der zumindest damals erfolgreich funktionierte.

Lege deine Scheuklappen hernieder und entdecke die Welt auf ein Neues.

KAPITEL 11
Geisterscheinungen

Mein Leben war ein ständig fortwährendes Ereignis von paranormalen Erlebnissen. Ich kann mich eigentlich bis heute nicht an eine Zeit zurückerinnern, in der es anders gewesen wäre. Ständig war und bin ich begleitet von Wahrnehmungen, die in unterschiedlichste Richtungen verlaufen. Die erste intensivere Begegnung mit einem Geistwesen hatte ich damals in dem Haus meines besten Freundes. Er hatte mich und ein paar andere Freunde zu diesem Zeitpunkt zu einer seiner Partys eingeladen. Ich war damals das erste Mal zu Besuch und kannte vorher das Haus und die Gegebenheiten nicht. Er machte mit uns einen kleinen Rundgang in den unteren Räumlichkeiten. Ich fragte ihn dann, ob ich mir oben die Schlafmöglichkeiten mal genauer anschauen dürfte und er meinte, ich könne gerne schon hinauf gehen. Ich ging also die Treppen nach oben und war guter Dinge. Zuerst guckte ich mir kurz im Gang oben die kleine Toilette an und ging dann weiter nach rechts durch die Türe. Dort erblickte ich eine niedliche kleine Küche und wieder eine Türe. Daneben war ein Schlafraum mit zwei Betten und Schränken. Ich möchte kurz anbei erwähnen, dass die oberen Räume als Fremdenzimmer dienten, welche seine Mutter ab und an vermietete. Ich fand das Zimmer und die Aufteilung so weit sehr nett und war gespannt auf die Räumlichkeiten der anderen Seite und ging somit in den anderen Raum. Ganz entspannt öffnete ich also die Tür. Sogleich kam mir eine sehr unangenehme, kühle Luft entgegen, und zwar nicht so, als wäre nicht geheizt worden, sondern der typische kalte Luftzug, den ich bereits nur zu gut kannte. Es war die typische spezielle Kälte, wenn sich Astralwesen im Raum aufhielten. Ich blieb trotzdem ganz ruhig stehen und ging nicht weiter nach vorne. Ich blickte mit den Augen umher und sah weitere Betten vor mir im Raum verteilt stehen sowie auch diverse Schränke und eine kleine Kochnische. Plötzlich verschwamm das Bild, das ich eben noch vor meinen Augen gehabt hatte und ich nahm das Zimmer ganz anders vor meinem geistigen Auge wahr. Regale, Aktenordner, Schränke und derlei Gegenstände taten sich vor mir auf. Ich war total von den Socken und wusste intuitiv, dass dies zuvor ein Büro gewesen sein musste. Ich drehte dann in dem noch anhaltenden Zustand meinen Kopf nach links und sah plötzlich einen Schreibtisch und einen Mann vor mir sitzen. Er guckte mich düster mit einem sehr kühlen Blick und ohne die Lippen zu bewegen an, machte mir unmissverständlich klar, dass dies hier sein Zimmer wäre und keiner darin etwas verloren hätte. Ich hatte in dem Moment einen solchen Schrecken bekommen, dass ich laut nach meinem besten Freund rief. Alle liefen nach oben, auch sein Bruder, und fragten mich neugierig, was denn los sei. Ich erklärte meinem besten Freund und seinem Bruder, dass ich soeben ihren Vater gesehen hatte. Das Makabere in dem Moment, als ich es erklärte war, dass ich sie alle ganz normal sehen konnte. Jedoch war der Raum als solcher immer noch als Büro für mich wahrnehmbar. Ich sagte zu den beiden Brüdern aufgeregt, dass dies vorher das Büro ihres Vaters war. Sie fragten mich verdutzt, woher ich das denn wüsste, denn es stimmte tatsächlich. Ich erklärte ihnen, dass ich es sehen könnte und auch den Papa als Geist vor mir sitzen sähe. Ich beschrieb den Raum ganz genau, so, wie er einige Jahre zuvor ausgesehen hatte, und sie bestätigten die Korrektheit meiner Angaben. Auch konnte ich ihren Vater und dessen persönlichen Arbeitsbereich genau beschreiben, ohne diese zuvor je gesehen zu haben. Ich meinte dann, dass ich dort in diesem Zimmer nicht schlafen wollte, da ich wusste, dass es ihrem Vater nicht recht sei und ich schlief in dieser Nacht deshalb in dem anderen Raum. Doch die Nacht war nicht gerade die ruhigste. Ständig hörte ich draußen im Gang Schritte, und als ich dann hinausging, um nachzuschauen, war natürlich niemand da. Ich fühlte während meines Aufenthalts dort kontinuierlich die starke Präsenz von ihrem Vater. Ich hatte zwar keine Angst davor, aber doch großen Respekt, zumal er offensichtlich immer noch nicht losgelassen hatte von dieser Welt. So, wie ich seine Energie gespürt hatte, war er ein ziemlich materieller Mensch. Auch sonst hatte die Familie an seiner Seite wohl ein schwieriges Leben zu führen, bei dem es kaum etwas zu lachen gab. Da ich nun in dieser Nacht nur wenig Schlaf bekam und wir dort insgesamt zwei Tage verbringen sollten, entschloss ich mich dafür, nachmittags ein kleines Schläfchen zu halten. So legte ich mich noch einmal für ein paar Stunden aufs Ohr. Ich murmelte mich also gemütlich ins Bett und war schon fast am Eindösen, als plötzlich rechts neben mir wieder die kühle Luft zu fühlen war. Ganz bewusst öffnete ich nicht die Augen und wartete ab, was passieren sollte. Plötzlich hörte ich neben mir ein tiefes, lautes Schnaufen. Es drang förmlich durch meinen Körper. Puh, wenn ich heute noch daran zurückdenke ... Das war schon richtig herbe und ich muss ehrlich zugeben, zur damaligen Zeit war mir das schon mehr als unangenehm. Ich fühlte mich in meiner Persönlichkeit beobachtet und gestört. Ich behielt noch einige Zeit die Augen geschlossen und hoffte, dass das Schnaufen weggehen werden würde, aber dem war leider nicht so – ganz im Gegenteil, die Energie wartete so lange, bis ich freiwillig aufstand und den Raum verließ. Bevor ich hinausging und endlich die Augen öffnete, nahm ich wieder schemenhaft seine Anwesenheit wahr und ich hörte immer noch das durchdringende Schnaufen. Bei diesem einmaligen Erlebnis mit ihm sollte es allerdings nicht bleiben. Ich fühlte noch einige Male bei weiteren Besuchen seine Energien und begann, ihm stückweise klar zu machen, dass es für ihn an der Zeit wäre, loszulassen, was er dann wohl auch tat. In späteren Jahren haben sich derlei Erscheinungen immer mehr gehäuft. Mir ist aufgefallen, dass manche Wesen sich mir ganz bewusst zeigen, weil sie meist noch etwas loswerden wollen und sie wissen, dass ich sie manchmal wahrnehmen kann. Das ist allerdings auch nicht immer so, worüber ich ehrlich gesagt auch wirklich froh bin, denn es verlangt Einiges von einem ab. Ein ruhiges Leben damit zuführen ist schier unmöglich, da du ständig aufs Neue mit etwas konfrontiert wirst. Ich bin natürlich außerordentlich froh über all meine Gaben und Fähigkeiten, denn es bereichert mich in jeder Hinsicht meines Lebens. Es eröffnet mir ganz andere Möglichkeiten, mich weiter zu entwickeln, die Zusammenhänge des Lebens zu begreifen und den Sinn darin zu erkennen. Es ist ein unendliches Spektrum und, um ehrlich zu sein, die Erkenntnisse haben nie ein Ende, ganz im Gegenteil! Es ist unendlich schön, wenn man mit dem Fluss des Lebens fließt und alles zulässt. Du spürst dann erst so wirklich, dass du ein Teil vom großen Ganzen bist. Wenn man das erkannt hat, braucht man im Grunde keine wirkliche Angst mehr im Leben zu haben. Selbst bei Existenzängsten hat man dann jederzeit die Möglichkeit, dass sich diese stückweise auflösen können, weil einfach das göttliche Vertrauen da ist, wodurch alles gut wird und ist. Daher machen mir Begegnungen mit Geistern, die ich immer mal wieder von Zeit zu Zeit habe, auch nichts aus. Ich freue mich sogar darüber, da ich auch vielen damit schon weiterhelfen konnte. Einmal war ich mit einer Freundin beim Billardspielen und wir saßen zuvor noch an einen Tisch mit anderen Leuten, von denen ich keinen kannte. Dort saß ein junges Mädchen. Ich sah sie ganz normal an und wusste plötzlich wahnsinnig viel von ihr. Da in solchen Moment so etwas bei mir einprasselt wie ein Wasserfall, schießt es auch im gleichen Moment fast schon völlig unkontrolliert aus meinem Mund. Ich sprach sie zugleich darauf an und teilte ihr mit, was ich bei ihr alles sah. Sie guckte mich völlig entgeistert an und fragte mich, woher ich das alles von ihr wüsste, ich kannte sie doch gar nicht. Ich meinte dann zu ihr, dass ich manchmal Dinge von bestimmten Personen, die mir begegnen, weiß, und ich ihr das mitteilen müsse. Dann sprach ich sie auf ihre verstorbene Oma an, welche ich neben ihr innerlich wahrnahm und beschrieb sie. Auch da gab ich wichtige Infos an sie weiter, welche ihr im Folgenden sehr weiter halfen. Sie bedankte sich sehr herzlich bei mir und wir hielten danach weiter Kontakt miteinander. Eine auch sehr schöne und häufigere Begegnung hatte ich mit dem Vater von meiner langjährigen Freundin. Als sie vor wenigen Jahren zu uns ins Haus zog und zur Untermiete für einige Zeit dort wohnte, sah ich ihn häufiger links an ihrer Seite. Er lächelte mich an und ich erkannte ihn sofort, da ich ihn noch aus unserer Kinderzeit kannte. Bei unserer ersten Begegnung teilte er mir geistig mit, dass seine Tochter zu viel schwarz trägt und ich ihr ausrichten möge, dass die Zeit der inneren Trauer längst vorbei sei und sie endlich wieder glücklich sein sollte. Er machte mir verständlich, dass sie wohl seit seinem Tod, welcher zu diesem Zeitpunkt schon über 10 Jahre her war, immerwährend schwarz trug und sie damit ihr inneres Leid unterbewusst zum Ausdruck brachte. Das war mir zuvor nicht bewusst, da wir uns in dieser Zeit völlig aus den Augen verloren hatten und keinerlei Kontakt mehr gehabt hatten. Er vermittelte mir noch Einiges mehr, mitunter auch, dass er weiter an ihrer Seite, als eine Art

Schutzgeist für sie zuständig bleiben würde und sie schon zuvor einige Leben miteinander hatten. Es würde eine tiefe Verbundenheit der beiden Seelen herrschen. Ich weiß noch gut, wie wichtig diese Informationen für sie waren. Auch einige Zeit später begegnete er mir immer einmal wieder. Den Tag konnte ich nicht vergessen. Es war jener Tag, als ich auch für mich eine sehr wichtige Botschaft von ihm erhielt. An diesem frühen Abend saß ich draußen beim Lagerfeuer im Garten, als meine Freundin tränenüberströmt heimkam und mir in die Arme fiel. Sie weinte bitterlich und erzählte mir, dass ihre Mutter ihr zuvor mitteilte, dass es einem ihrer Hunde nicht gut ginge und sie ihn dringend zum Tierarzt bringen müsste. Sie meinte dann, sie hätte wahnsinnig Angst, dass der Hund etwas Schlimmeres haben könnte. Ich beruhigte sie erst einmal und ging mit ihr hinein in die Küche. Wir setzten uns hin und sie bat mich bei meinen geistigen Helfern nachzufragen, was mit ihrem Hund sei. Ich erklärte ihr, dass dies bei mir bisher nicht auf Kommando gegangen war, sondern die Informationen in der Regel an mich herantreten, wenn sie wichtig waren. Sie bat mich wiederholt unter Tränen darum, es wenigstens einmal zu versuchen. Ich gab mir dann innerlich einen Ruck durch ihre tiefe Verzweiflung, schloss die Augen und bat um geistige Informationen in diesem speziellen Fall. Auf einmal sah ich wieder ihren Vater vor mir, er lächelte mich an und zeigte mir ein Bild von ihrem Hund und seinem körperlichen Zustand. Ich sah ihn und erkannte, dass seine Lebenszeit abgelaufen war. Was ich allerdings als eine für mich große Überraschung empfand, war das, was ich neben dem Hund sah. Es war ein in Gold leuchtendes Engelswesen in menschlicher Gestalt. Ich muss gestehen, ich dachte zuvor immer, dass Tiere, wenn sie hinübergehen, von einem tierischen Begleiter abgeholt werden. So war es für mich wahrlich eine Überraschung zu sehen, dass dies wohl nicht unbedingt der Fall sein muss. Es freute mich sehr, mich darin aufgeklärt zu wissen. Danach zeigte mir ihr Vater auch Bilder aus der Vergangenheit, bei welchen ich sah, dass der Hund ein wahrlich wunderschönes Hundeleben bei der Familie gehabt hatte und es ihm bis zum letzten Moment sehr gut gegangen war. Ihr Vater erklärte mir dann, dass seine Tochter eine ganz besondere Bindung zu diesem Hund gehegt hatte, was ich zuvor nicht wusste. Er war von ihren vier Hunden, die sie zu diesem Zeitpunkt hatte, der erste Hund, welcher nach dem Ableben ihres Vaters ins Haus kam. Sie verband mit diesem Wesen auch ihren Vater und für sie war es so, als würde ihr Vater ein zweites Mal von ihr gehen. Ich redete danach mit ihr in Ruhe über das, was ich gesehen hatte und sie bestätigte dies, was mich selbst auch sehr stark berührte. Ich teilte ihr auch mit, dass ich bereits ein Engelwesen neben dem Hund sah, welches ihn abholt und es sich nur noch um ein paar Stunden oder wenige Tage handeln mochte. Am nächsten Tag kam die Botschaft ihrer Mutter, dass es dem Hund wohl plötzlich besser gehen würde und er auch schon etwas gegessen hätte. Sie kam zu mir und teilte mir die frohe Kunde mit. Zeitgleich kam bei mir die geistige Info, es wäre noch einmal das letzte Aufbäumen seiner Kräfte und es würde noch heute die Seele den Körper verlassen. So sollte es dann auch kommen. Am Abend rief ihre Mutter an und gab bekannt, dass der Hund in ihrem Beisein gestorben sei. Kurz bevor er aufhörte zu atmen, nahm auch sie ein helles Licht bei dem Tier wahr. Für die Mutter meiner Freundin war das ein ganz außergewöhnliches Erlebnis und auch für meine Freundin etwas Besonderes, zumal sie wiederholt miterleben durfte, wie die geistige Welt mitwirkte, dass es nach dem Tod kein Ende gibt und wir alle eins miteinander sind. Als meine Oma letztes Jahr verstarb, war ich gleich kurz danach vor Ort. Ich weiß noch zu gut, was sich an diesem Tag alles ereignet hatte. Eigentlich wollte ich meine Oma nachmittags besuchen, aber irgendetwas hielt mich innerlich davon ab, hinzufahren. Heute verstehe ich nur zu gut, wieso das so war. Sie musste zu jenem Zeitpunkt schon sehr schlecht ausgesehen haben und ich sollte dieses Bild wohl nicht mehr vor Augen bekommen. Jedenfalls rief abends meine Mutter, die sich zu diesem Zeitpunkt in der Kur befand, auf dem Handy an und bevor sie irgendetwas sagte, meinte ich schon zu ihr: »Die Oma ist tot!« Sie weinte dann bitterlich und meinte, die Ärzte wären wohl gerade mit meiner Tante vor Ort und man würde versuchen, sie wiederzubeleben. Ich fuhr sofort mit einem guten Freund zu ihr hin und wusste schon, dass dies keinen Sinn haben würde, da sie bereits aus dem Körper getreten war. Mein Onkel und meine Tante öffneten verweint die Türe und wir nahmen uns erst einmal in die Arme. Die

Ärzte waren zu diesem Zeitpunkt schon weg und der Körper meiner Oma lag noch im Schlafzimmer auf dem Bett. Ich war sehr aufgeregt, mein Herz schlug bis zum Hals. Ich hatte zuvor noch nie einen toten Menschen gesehen und ich hatte schon etwas Sorgen, es möglicherweise nicht gut aufzunehmen, auch, wenn ich vor dem Tod als solchem keine Angst hatte. Jedoch wusste ich einfach nicht, wie ich darauf reagieren würde. Ich nahm all meinen Mut sammeln und ging in Richtung Türe. Meine Tante und die betreuende Ärztin, die mittlerweile auch eingetroffen waren, gingen ins Zimmer voraus. Ich war hinter ihnen und trat über die Türschwelle. Als ich ins Zimmer kam, sah ich nicht gleich meine Oma, da meine Tante und die Ärztin bereits direkt vor dem Bett standen. Was dann aber passierte war unglaublich schön und ich bin meiner Oma sehr dankbar, dass sie sich so stark bemerkbar bei mir machte. Ich fühlte plötzlich, wie sie mich ganz stark umarmte. Mein ganzer Körper kribbelte und ich bekam total Gänsehaut von diesem intensiven Gefühl der Liebe und Glückseligkeit. Ich würde es wirklich jedem Menschen auf dieser Welt wünschen, so etwas wenigstens einmal im Leben zu erleben. Man kann sich gar nicht vorstellen, wie schön das ist! Meine Oma hat mich in dem Moment so sehr spüren lassen, dass es ihr gut ging und sie uns alle wahnsinnig liebte. Das war ein unendlich schönes Glücksgefühl, das mich umgab. Mein Herzrasen, wie auch die Aufregung, welche ich zuvor hatte, waren wie weggeblasen. Meine Tante ging zur Seite und ich sah nun auch Omas Körper vor mir liegen. Als ich sie so erblickte, hatte es mich in keiner Weise berührt. Es war für mich nicht mehr meine Oma, die ich da liegen sah, sondern nur noch eine leere Hülle. Ich konnte nicht weinen oder dergleichen, ganz im Gegenteil. Mir war nach einem Lächeln, was ich wohl auch sichtlich tat, denn die Ärztin schaute mich ziemlich verwundert an. Als ich ihre Blicke sah, meinte ich dann ganz ruhig zu ihr, dass ich froh wäre, dass es der Oma nun endlich gut ginge. Die Ärztin sagte nichts, war aber wohl sichtlich etwas schockiert über meine ruhige Haltung und Reaktion. Ich dachte nur in dem Moment, dass ich ihr wünschen würde, das Gleiche wie ich zu spüren, was ich in diesem Moment gefühlt hatte. Somit hätte sie mich sicherlich verstehen und meine Gelassenheit besser nachempfinden können. Jedenfalls teilte ich danach meiner Familie mit, dass Oma noch da wäre und sie uns alle sehr liebt und uns auch weiterhin erhalten bleibt, nur eben nicht mehr körperlich. Das Schöne ist, dass bei uns in der Familie alle ähnlich gestrickt sind und ebenfalls sehr feinfühlig sind, denn auch sie konnten Omas Anwesenheit noch im Raum fühlen. Wir haben, nachdem die Ärztin weg war, noch eine kleine, fast schon zeremonielle Verabschiedung meiner Oma gemacht, überall im Zimmer Kerzen aufgestellt und uns alle noch mal in aller Liebe von ihr verabschiedet und uns für ihr Sein und die schöne Zeit, die wir mit ihr gehabt hatten, bedankt. Das war wirklich etwas ganz Besonderes und in ebenfalls schöner und bleibender Erinnerung für uns alle. Seither spüre ich immer wieder Omas Anwesenheit bzw. mehr ihre

Gefühle und Gedanken. Auch sie leitete mich seitdem weiter auf meinem Weg und beizeiten erhalte ich kleinere Eingebungen oder Wegweisungen. Es gab wenige Monate nach ihrem körperlichen Ableben noch ein recht manifestes Ereignis mit ihr, bei dem sie sich stark auf mich aufmerksam machte, da wusste ich, dass wir immer noch stark miteinander verbunden sind und sie für mich da ist.

Wer die Liebe im Leben lebt, den erwartet die Glückseligkeit im Himmelreich.

KAPITEL 12

Mentale Kräfte

Man glaubt oft gar nicht, wozu der Mensch in der Lage ist und auch ich kann es nur immer wieder bestätigen, denn auch mein Leben ist das beste Beispiel dafür. Oft hört man von den außergewöhnlichsten Ereignissen, die dann für die Wissenschaft oder die Ärzte ein Rätsel sind und sich diese keinen Reim auf die Dinge machen können. Ich rede hier von Fällen, wo z.B. eine Mutter einen Lkw hochhebt, um ihr Kind, welches darunter liegt, zu retten. Solche Dinge sind keine Einzelheiten, nein, ganz gewiss nicht. Der Mensch ist zu so vielem in der Lage. Es hängt alles letztlich mit der Kraft des Geistes und dem Glauben an sich selbst zusammen. Jeder Gedanke ist Energie; Energie, die freigesetzt wird, wenn man sie fließen lässt, nach dem wunderbaren Chinesischen Sprichwort: »Achte auf Deine Gedanken, denn sie werden zu Worten. Achte auf Deine Worte, denn sie werden zu Handlungen. Achte auf Deine Handlungen, denn sie werden zu Gewohnheiten. Achte auf Deine Gewohnheiten, denn sie werden Dein Charakter. Achte auf Deinen Charakter, denn er wird Dein Schicksal.«

Genauso ist es und nicht anders. In diesem Sprichwort stecken so viele Wahrheiten. Ich habe in meinem Leben immer versucht, danach zu agieren und habe immer wieder festgestellt, dass sich jedes negative Wort und jeder negative Gedanke entsprechend in meinem Leben manifestierte und äußerte, wenn ich ihn denn mal hatte. Genauso und natürlich noch viel intensiver ist es bei allen positiven Gedankengängen und Worten, die ich tagtäglich umsetze. So arbeite ich von jeher mit der Kraft des Geistes, daher bin ich auch für viele Ärzte oftmals ein Wunder, denn sie können nicht verstehen, wie es möglich ist, dass ich ohne jegliche Schmerzmittel mein Leben so gut meistere. Nach Aussage eines Facharztes ist es schier unmöglich, dass ich keine Schmerzmittel zu mir nehme und ich müsste mich ja bei der intensiven Verkrümmung, die meine Wirbelsäule aufweist, im wahrsten Sinne des Wortes ›krümmen vor Schmerz‹. Aber dem ist nicht so! Natürlich gab und gibt es immer wieder Momente oder vielleicht auch mal Tage, wo auch ich Schmerzen im Rücken habe, aber diese sind selten. Und wenn ich diese denn mal habe, dann in der Regel nur, wenn zuvor entsprechend viel seelischer Ballast voraus gegangen ist und das finde ich besonders schön an meinem Körper, denn wir sind eins miteinander. Ich höre auf jedes Alarmsignal, welches er mir zeigt, denn dann weiß ich ganz genau, wann und wo die Bremse anzusetzen ist und ich Ruhe bekommen muss. Sobald ich die Störung seelisch beseitige, kann ich schon beobachten, wie die Schmerzen rückläufig werden und ganz aufhören. Man kann wirklich lernen, auf die Signale seines Körpers zu achten und sobald man dies tut, hat man gänzlich die Möglichkeit zu gesunden oder gesund zu bleiben. So achte ich mittlerweile noch mehr auf meine Ernährung und besonders auch auf mein Umfeld (Magnetfelder, Strahlungen etc.) und die Menschen, mit denen ich mich umgebe. Sobald ich merke, dass etwas als Störfaktor für meine Seele oder gar meinen Körper wirkt, versuche ich eine gesunde und gute Lösung zu finden. Vor einigen Jahren habe ich festgestellt, dass ich noch zu weitaus mehr in der Lage bin, sich meine Fähigkeiten eigentlich täglich intensivieren und ich sie auch im Alltag nutzen und anwenden kann. Es gab immer mal wieder vereinzelt Situationen, wo ich im Notfall bei einer Person kurz die Hände aufgelegt habe und dann die Schmerzen kurz danach verschwunden sind. Einmal, das weiß ich noch gut, war ich mit einer guten Freundin in der Disco unterwegs. Sie klagte schon bevor wir losgingen über Kopfschmerzen, wollte aber trotzdem auf die Pirsch gehen. Als wir dann aber unterwegs waren, wurden ihre Kopfschmerzen immer schlimmer. Tabletten hatte sie auch keine dabei und so saß sie ziemlich zerknirscht an ihrem Platz und überlegte schon, heim zu gehen. In diesem Moment tat sie mir sehr leid. Deshalb bot ich ihr an, zu versuchen, bei ihr die Hände aufzulegen. Sie selbst glaubte damals nicht an solche Sachen und lachte unglaubwürdig darüber. Ich meinte, ein Versuch wäre es doch Wert und schlechter könne es ihr danach auch nicht gehen. So ließ sie es zu, dass ich ihr die Hände auflegte. Ich gehe dabei immer ein bisschen auf Distanz zum Körper und halte ca. 5 bis 10 cm Abstand mit meinen Händen. Dabei konzentriere ich mich ganz und gar auf den Schmerzpunkt und gehe nach meinem inneren geistigen Programm vor. Ich kam mir im ersten

Moment schon etwas komisch vor, da wir in einer Disco waren, sehr viele Menschen um uns herumtanzten und uns die Musik mit dröhnender Lautstärke umgab. Sich dabei zu konzentrieren war eigentlich schier unmöglich, dachte ich zuerst. Allerdings schaffte ich es dann doch, in einen tiefen Ruhezustand einzutreten und die Energien fließen zu lassen. Nach wenigen Minuten spürte ich dann, dass die Energie so weit wieder hergestellt am Schmerzbereich waren und ich teilte ihr mit, dass in Kürze ihre Schmerzen aufhören dürften. Sie meinte: »Ja ist schon klar«, und belächelte meine Aussage. Nach gut einer Viertelstunde schaute sie mich an und meinte, das kann es doch nicht geben und fragte mich, wie ich das gemacht hätte, aber sie verspüre keine Schmerzen mehr. Sie war völlig fassungslos und wollte es gar nicht glauben. Am nächsten Morgen erzählte sie alles total aufgeregt ihrer Mutter, welche meine Familie und mich schon seit Jahren sehr gut kennt und diese meinte nur, dass sie das gar nicht wundert, da sie ja weiß, dass ich viele Fähigkeiten unterschiedlichster Art habe.

Meine Freundin konnte zu diesem Zeitpunkt mit solchen Dingen noch nicht so gut umgehen und hielt das eher für Humbug, bis sie selbst erfahren durfte, dass sehr wohl mehr dahinter steckt, als sie es bisher annahm. Auch meinen damaligen Ehemann durfte ich in vielerlei Dingen eines Besseren belehren. Unter anderem hatte er wieder einmal mit dem Rücken Probleme; er konnte sich kaum noch bewegen und hatte große Schmerzen. Somit bedurfte es dann bei ihm immer wieder einer Spritze vom Arzt, damit es besser wurde. Als bei ihm die Schmerzen wieder an einem Samstagabend begonnen hatten, konnte er sich kaum noch bewegen. Also beschloss ich kurzerhand, ihm zu helfen. Nach längerem Zureden, meinte er dann, ich könnte es mal versuchen, aber er glaube eh nicht daran. Der Einzige, der ihm wirklich helfen könne, wäre der Arzt. Ich begann also nach längerem Hin und Her die Hände aufzulegen. Zuerst reinigte ich geistig seinen ganzen Körper und ließ dann wieder die Energien hineinfließen. Nach dem Handauflegen sagte er mir, dass es ihm sehr warm auf dem Rücken wäre, es überall kribbelte und er jetzt ziemlich müde sei. Kurz danach schlief er auch schon ein. Er befand sich damit in der sogenannten ›Heilschlafphase‹, in der sich dann der Körper wieder erholt und regeneriert. Er schlief sogar die ganze Nacht durch und als er am nächsten Morgen aufwachte, war er völlig schmerzfrei. Er konnte kaum glauben, dass er keine Schmerzen mehr hatte. Das war für ihn eine völlig neue Erkenntnis, da er zuvor immer bei jedem kleinen Wehwehchen zum Arzt gelaufen war und sich etwas Chemisches geben ließ. Leider war er bei vielen dieser Dinge nur schwer belehrbar, allerdings erlebte er über die Jahre enorm viel mit mir mit, was ihn doch von seiner Denkstruktur an einigen Stellen sehr verändern und prägen sollte. Was er heute daraus macht, bleibt letztlich ihm ganz allein überlassen. Jeder ist sein eigener Glückes Schmied! Was die Heilungserfolge betraf hatte ich vor wenigen Jahren auch ein sehr tragendes und für mich wichtiges Erlebnis. Das war, als ich eine sehr schwere bakterielle Mandelentzündung hatte, welche immer schlimmer wurde. Ich war schon total am Verzweifeln, da ich kaum noch schlucken konnte und auch sonst schreckliche Schmerzen verspürte. Mein ganzer Körper tat mir richtig weh und ich wollte nicht zum Arzt gehen, da ich die übliche Aussage schon kannte: »Da hilft nur noch eins, sofort Antibiotikum!« Und an Diskussionen mit dem Arzt hatte ich wirklich gar kein Interesse. Eines Nachts schwoll alles sogar noch mehr an und plötzlich bekam ich furchtbare Panik, vielleicht doch einen Fehler gemacht zu haben. Also rief ich kurzerhand einen guten Freund an, welcher mit mir ins Krankenhaus fuhr. Dort angekommen war der behandelnde Arzt sichtlich schockiert, dass ich mich nicht schon frühzeitiger in ärztliche Behandlung begab. Ich meinte, er würde mir einfach Tabletten mitgeben und dann sollte ich diese gleich zu Hause einnehmen. So fuhr ich mit dem Antibiotikum wieder nach Hause, nahm mir ein Glas Wasser und wollte gerade die Tablette einnehmen. Da kam plötzlich die mir vertraute ›Stimme‹, welche mich schon mittlerweile seit Jahren begleitet und immer, wenn Not am Mann ist, mich unterstützt oder vor Gefahrensituationen warnt. Sie meinte, ich sollte jetzt bloß keinen Fehler machen und aus meiner Angst heraus das Antibiotikum nehmen. Was ich gerade erlebe, wäre ein innerer Reinigungsprozess. Ich würde alles zunichtemachen und meinem Körper enorme Giftstoffe zuführen. Dies war mir letztlich auch selber klar war, aber ich hätte es in dem Moment aus meiner Panik heraus in Kauf genommen. Die Stimme riet mir, ich solle doch einmal das, was ich sonst mit der Energie öfter bei anderen anwende, endlich bei mir selbst umsetzen. Es wäre jetzt an der Zeit und ich könne auch mir in vielen Dingen selber sehr gut helfen. Also beschloss ich vorerst, trotz meiner Sorgen, die Tablette noch mal beiseite zu legen, mich hinzulegen und die Hände aufzulegen. Ich kann nicht genau sagen, wie lange es gedauert hat, allerdings musste ich wohl kurz darauf eingeschlafen sein. Als ich wenige Stunden danach wieder aufwachte, es war gegen vier Uhr morgens, dachte ich, jetzt würde es mit mir zu Ende gehen. Ich wachte mit starkem Schüttelfrost auf, mein ganzer Körper schmerzte noch viel intensiver und mein Herz raste wie verrückt. Ich konnte mich nur noch schwer aus dem Bett bewegen und brach dann auf der Couch regelrecht zusammen. Ich war zu nichts mehr in der Lage; so etwas hatte ich zuvor noch nie erlebt und meine Panik war schrecklich. Plötzlich kam wieder die mir bekannte Stimme, die mir liebevoll Vertrauen zusprach und meinte, es wäre alles gut so wie es ist, es sei nur noch eine Reaktion auf den Energie-Heilschub, den ich meinem Körper zuvor gegeben hatte. Ich fühlte mich in dem Moment fast schon ein wenig verarscht und wollte das alles in dem Moment nicht mehr wirklich glauben. Ich schlief kurz danach vor Erschöpfung auf der Couch nochmals ein und wachte am frühen Morgen wieder auf. Plötzlich wurde mir total schlecht und ich lief ins Bad, um mich zu übergeben. In dem Moment platzte wohl im Hals alles auf und der ganze Eiter kam aus meinem Hals heraus. Ich möchte dir weitere Einzelheiten an dieser Stelle ersparen, denn es war, wie du dir sicher vorstellen kannst, mehr als eklig. Danach versuchte ich zu schlucken und der Druck und Schmerz waren fast weg, als wäre nie etwas gewesen. Als ich dann extra in den Spiegel mit der Taschenlampe schaute, sah ich keinerlei Beläge mehr auf den Mandeln und auch die Schwellung war deutlich zurückgegangen, nur noch eine leichte Rötung war zu sehen, ansonsten war kaum noch etwas von einer schweren Mandelentzündung zu erkennen. Ich war an diesem Morgen völlig von den Socken, denn damit hatte ich wirklich nicht gerechnet. Ab diesem Zeitpunkt wurde ich mir dieser Kräfte noch viel bewusster und seither, wenn ich wieder mal eine Mandelentzündung oder andere Kleinigkeiten hatte, helfe ich mir in allererster Linie selbst und bisher immer mit Erfolg. Ich habe über die Jahre immer noch mehr gelernt, auf meine innere Stimme und auf die Weisungen meiner geistigen Helfer zu hören. So wurde ich auch immer gewarnt, wenn Gefahr im Verzug war. Ich kann mich an manche Begebenheiten zurückerinnern, die wirklich für mich, meine Freunde oder Familie gefährlich hätten ausgehen können und ich vorzeitig auf die Dinge hingewiesen wurde, um dem Schlimmsten zu entgehen. Auch dafür bin ich wirklich unendlich dankbar. So bin ich auch überzeugt, dass bei jedem Menschen die Gabe vorhanden ist, nur viele Menschen haben, bedingt durch ihre Umwelt, nicht die Möglichkeit bekommen, darauf wirklich zu achten oder darauf zu achten, was im Außen passiert. Denn wenn man mit offenem Geist durchs Leben geht, dann kann man eins mit allem werden und das UR-Vertrauen wiederherstellen. Da haben es oft Menschen, die taub oder blind (so schlimm es sich im ersten Moment vielleicht nun anhören mag) sind, leichter, denn deren Sinne sind viel ausgeprägter und sie erkennen oft viel mehr, als manch körperlich gesunder Mensch. Ich kann mich noch gut an unseren Pfarrer damals erinnern, als ich noch als Kind mit meinen Eltern regelmäßig sonntags die Kirche besuchte. Dort gab es einen blinden, alten Pfarrer, den alle wahnsinnig gernhatten. Dieser Mann hatte einen ganz anderen Weitblick für die Dinge, allein schon seine Messen waren ganz anders wie jene anderer Pfarrer, die ich je gehört habe, und zwar tiefsinniger und herzergreifender, denn jedes Wort was er zu den Anwesenden sprach, lebte er selbst. Er ging oft ohne Stock oder Hilfe durch seine Kirche und auch sonst bewegte er sich frei, und manchmal kam es einem so vor, als sei er gar nicht blind. Er sagte einmal zu meiner Mutter, dass auch er sieht, aber eben anders, als man es verstehen könne. So weiß ich auch eine Situation beim Weggehen in eine Disco mit Freunden. Dort sprach ein junger Mann aus weiterer Entfernung eine meiner Freundinnen an und sie fuchtelte wirr mit den Händen umher, drehte sich von ihm weg und kam zu mir. Sie meinte zu mir, sie verstehe nicht, was er wollte und ich teilte ihr aus Gefühlsgründen mit, dass ich glaubte, er wäre taub. Sie sagte dann zu mir: »Ach was Tanja, wie kommst du denn darauf, so ein Schwachsinn, der ist doch taub. Das glaube ich nicht!« Ich meinte dann zu ihr, sie solle einfach abwarten und würde gleich sehen, dass ich Recht habe. So ging ich von meinem Platz direkt in seine Richtung. Ich möchte gleich vorwegsagen, dass ich nie die Taubstummen-Sprache gelernt habe und keine Ahnung hatte, was ich da eigentlich tat. Ich ging lediglich nach meinem Gefühl auf diesen jungen Mann zu und sprach ihn an. Es bestätigte sich dann auch gleich, dass er (wie ich es bereits zuvor sagte) taubstumm war. So fing ich irgendwie an, mit ihm zu kommunizieren und wir verstanden einander hervorragend. Heute könnte ich selber nicht einmal mehr sagen, wie ich das damals machte, doch es hat geklappt und wir fingen auf eine ganz eigene Weise an, miteinander zu sprechen. Kurz darauf kam meine Freundin hinzu, welche uns zuvor neugierig beäugte. Sie fragte mich, ob ich denn die Taubstummen-Sprache könne und ich verneinte dies. Sie war total von den Socken und fragte mich hinterher noch sehr oft, wie ich das damals gemacht habe und woher ich gleich aus der Entfernung schon wissen konnte, dass er taubstumm war, wenn sie es doch selbst nicht mal bemerkte. Ich bin der Meinung, es lag wohl in allererster Linie daran, weil wir mental und mit den Körpersignalen miteinander kommunizierten. Und so funktioniert letztlich die Kommunikation zwischen allen Lebewesen, Tieren, Pflanzen und Mineralien. Wir sind eins miteinander und sobald wir uns dessen mehr bewusstwerden, können wir unser Energie Spektrum ganz anders umsetzen und untereinander mehr Frieden und Harmonie herstellen. Denn jeder Gedanke, den ich aussende, hat Energie und Kraft. Dabei fällt mir immer der Satz ein ›Der Glaube versetzt Berge‹. Letztlich waren es die Energien, die zuvor durch die entsprechenden Gedanken ausgesendet worden waren.

KAPITEL 13
Wunschprinzip

So will und kann ich an dieser Stelle gerne einige, aus meinem Leben selbst gelebte und umgesetzte Beispiele bringen, in welchen ich meine Gedanken und Wünsche freigesetzt habe, welche dann meist in Erfüllung gegangen sind. Wieso nur meist und nicht immer? Das werde ich zuvor kurz ein wenig erläutern. Über die Jahre habe ich festgestellt, wie sich das Wunschprinzip, nach welchem ich immer wieder arbeite, noch etwas besser und leichter umsetzen lässt. Ich habe dabei ein paar sehr wichtige Dinge erkannt, wieso es bei manchen Menschen oftmals nicht so klappt und bei welchen hingegen schon. Zuerst möchte ich kurz erläutern, wie das Wunschprinzip denn überhaupt funktioniert. Ich für meinen Teil schreibe mir meist zuvor auf, was genau ich brauche, wenn ich etwas benötige. Dabei formuliere ich den Wunsch sehr genau, je nachdem, was es eben ist. Umso genauer die Vorstellung im Gedanken ist, umso besser und genauer kann es sich verwirklichen. Angefangen habe ich dabei mit leichten Sachen bzw. Kleinigkeiten. Wenn wir zum Beispiel mit dem Auto von Freunden unterwegs waren, bedankte ich mich beim Einsteigen ganz herzlich für einen Parkplatz und hatte mir diesen zuvor richtig vorgestellt, wo ich diesen ca. benötige, um keine lange Strecke laufen zu müssen. Ein paar Freunde lachten zu Beginn noch darüber und meinten, das könnte ich vergessen, da man dort sonst kaum bis nie einen Parkplatz bekäme. Ich ließ mich aber nicht weiter davon berühren und meinte nur, sie würden schon sehen. Und tatsächlich, jedes Mal, als ich im Auto meinen Wunsch geäußert hatte, bekamen wir auch an der gewünschten Stelle einen Platz. Heute belächelt keiner mehr von ihnen das Wunschprinzip, denn viele haben selbst angefangen an manchen Stellen danach zu handeln. Ich weiß noch, einer meiner Freunde meinte mal ganz kleinlaut nach ca. einem Jahr, dass er das mittlerweile auch mit dem Parkplatz so macht und er seither jedes Mal einen freien Platz bekäme. Er glaubte zwar nicht daran und weiß eigentlich immer noch nicht so recht, wie das geht, aber es funktioniert. Dabei finde ich, man sollte nie die Dankbarkeit außer Acht lassen. Ich mache das immer so, dass ich mich zuvor und auch danach noch einmal auf das Herzlichste bei der göttlichen Energie und meinen geistigen Helfern bedanke. Alles soll im Fluss bleiben, geben und nehmen. Da fängt es eigentlich schon an, warum es bei manchen mit dem Wünschen nicht klappt, weil oftmals die nötige ehrliche und aufrichtige Dankbarkeit von Herzen fehlt. Manche haben auch völlig undefinierte Wünsche und haben sich nie wirklich die Mühe gemacht, zuvor ihren Wunsch richtig geistig zu manifestieren. Andere hingegen wünschen sich etwas, stellen es sich auch möglicherweise richtig gut und genau vor, vergessen aber dabei auch das ›Los-lass-Prinzip‹. Sie klammern sich geistig so sehr an ihren Wunsch, dass dieser zum Zwang wird und nicht frei fließen kann. Man fixiert sich dann darauf und kann es kaum noch erwarten, aber man wartet und wartet und letztlich passiert nichts. Darauf habe ich stets geachtet, meinen Wunsch geistig an den lieben Gott abzugeben und mir ist dabei dann über die Zeit etwas für mich persönlich sehr wichtiges klar geworden, nämlich meine Wünsche mit einem bestimmten ›Zusatz‹ zu kennzeichnen, und zwar mit dem geistigen Vermerk ›Wenn es gut für mich ist‹. Das ist mir durch bestimmte Erfahrungen über die Jahre weg klar geworden, dass nicht alles, was man sich wünscht, auch wirklich so sinnvoll und gut für einen ist. Man bedenke z.B. einen Millionengewinn! Viele wünschen sich das große Geld, aber keiner denkt im ersten Moment seines Wunsches über die möglichen Konsequenzen nach. Denn Geld macht zwar manche Sorgen weg, aber nicht unbedingt glücklicher. Es gibt z.B. genug spontan Millionäre, die danach hoch verschuldet waren, wahnsinnig geworden sind oder sich gar das Leben genommen haben. Warum? Das ist ganz einfach, weil sie nämlich mit dem plötzlichen Reichtum nicht wirklich klarkamen. Bestimmte Dinge sollte man sich eben ›verdienen‹, ob nun in diesem oder im nächsten Leben. Dann kommt noch das Karma dazu, was auch beim Wunschprinzip eine durchaus große Rolle spielen kann. So ungern es manche hören mögen, aber so ist es nun mal. Denn auch hier habe ich festgestellt, dass es viele Menschen gibt, die aus einem oder mehreren ihrer früheren Leben, es sich für dieses Erdenleben schwieriger ausgesucht haben und z.B. in Armut groß wurden oder dergleichen.

Ebenso ist es bei Menschen, die schon reich geboren wurden, denn auch diese haben es sich aus Erfahrungsgründen so ausgesucht. Es hat eben vieles mit Lernprozessen zu tun. Unsere Erde ist eine Schule mit verschiedenen Klassenstufen, und wenn man die Klasse nicht bestanden hat, muss man sie eben wiederholen. Genauso so ist es, wenn man frech war oder gar böse war, dann hat man eben mal nachzusitzen. So darf man das Leben hier betrachten, jedoch nicht als Strafe sehen, sondern viel mehr als Aufgabe. Es ist wichtig, es eben besser zu machen, sein Karma liebevoll aufzulösen und eventuell auch mal abzuarbeiten. Das ist nichts Böses und auch keine Bestrafung Gottes, wie es manche dann gerne sehen wollen. So, wie man oft zu hören bekommt: »Warum müssen manche Menschen hungern und sterben?«. Das ist keine Bestrafung, sondern eben ein Lernprozess und die Seele eines solchen hungernden Menschen will nun mal aus irgendeinem Grund diese Erfahrung machen lassen. Man sollte es weniger als Leidensprozess sehen, wobei ich auch da der Meinung bin, dass man diese Dinge beizeiten verändern kann. Dazu hat sich aber erst das Massenbewusstsein zu ändern, dann können sich die Dinge zum Besseren wenden. Nun, aber zurück zum Wunschprinzip und meinen persönlichen Erfahrungen, von denen ich noch einige wesentliche schildern möchte. Als ich damals endlich von zu Hause auszog, um meine erste eigene Wohnung zu beziehen, war alles natürlich erst einmal finanziell ziemlich begrenzt, aus verschiedenerlei Gründen, die ich später noch einmal kurz näher erläutern werde. Somit hatte ich nicht viel Spielraum, mir eine Wohnungseinrichtung zu leisten, zumal das letzte bisschen Geld, was damals zur Verfügung stand, in die Renovierung der Wohnung floss. Also beschloss ich, auch hier das Wunschprinzip anzuwenden. Ich setzte mich an meinen Tisch und überlegte erst einmal genau, was ich denn eigentlich wirklich dringend bräuchte. Nun, da war z.B. ein Esstisch und Stühle, also schrieb ich dies auf und stellte mir dabei vor, was ich denn gerne gehabt hätte. Was ich mir damals vorstellte war ein Glastisch und Stühle aus Rattan dazu, dann war da noch die dazu passende Küchenzeile, ein großes Doppelbett und, last but not least, die Couch fürs Wohnzimmer nicht zu vergessen. Also war es schon Einiges, wie du siehst. So nahm ich mir ausreichend Zeit, um meine Wünsche und Vorstellungen, die ich hatte, zuvor entsprechend geistig zu manifestieren. Ich stellte mir alles genau vor, besonders aber die Couch für das Wohnzimmer. Ich wollte nämlich unbedingt eine blaue, ausziehbare Schlafeckcouch aus Stoff. Ich wusste auch genau für welches Eck und wie groß sie sein sollte. Alles, was ich mir geistig vorstellte, wünschte ich mir günstig, oder wenn möglich auch geschenkt. Somit waren dies sehr genau definierte Wünsche in meiner Vorstellung. Also brachte ich alles auf Papier, ließ es damit auch schon zeitgleich geistig los und dachte nicht mehr groß darüber nach. Ich kümmerte mich weiter mit meiner Familie um die Renovierung der Wohnung und den nahenden Umzug. Wenige Tage später sprach ich mit meinem Onkel, welcher ein gelernter Schreiner ist, wegen einer

Küche. Dieser bat mir dann liebevoll an, eine günstige und schöne Küche zu machen, die ich mir auch noch problemlos leisten könnte. Somit war der erste Wunsch meiner Liste schon einmal in Erfüllung gegangen. Kurz darauf las ich in unserer Wochenzeitschrift, dass verschiedene Möbel, unter anderem auch ein Esstisch, zu kaufen wären. Ich rief sofort an und die Dame sagte mir dann, dass schon einige vorbei Leute wegen der Sachen kommen werden und sagte mir dann aus Sympathiegründen, dass ich doch einfach eine halbe Stunde früher kommen sollte, da sie schwer in der Annahme ist, dass der Tisch sonst schon weg sein könnte, da er ziemlich neu und kaum benutzt worden war. Als ich hinfuhr, glaubte ich meinen Augen kaum. Tatsächlich stand vor mir ein fast nagelneuer Milchglastisch mit vier Stühlen aus Rattan. Wow! Ich war hin und weg, als mir die nette Frau den Tisch für sechzig Euro gab. Das war echt ein absoluter Wahnsinn und ich war überglücklich darüber. Somit war auch der zweite Wunsch in Erfüllung gegangen. Kurz darauf kam eine meiner (heute noch) besten Freundinnen zu mir und meinte, ich bräuchte doch sicherlich noch ein gescheites Bett für mein Schlafzimmer, und sie fragte mich, ob ich denn nicht ihr Bett haben wollte, welches noch bei ihrem Vater stehen würde. Es wäre ein schwarzes Doppelbett und noch in einem super Zustand, sie würde es mir schenken, wenn ich es brauchen könnte. Das war wieder eine mehr als freudige Überraschung und das Bett passte dazu auch noch perfekt zu meinem chinesischen Schlafzimmerstil. Also konnte wieder ein Wunsch von der

Liste abgehakt werden, und nun kommen wir für mich wohl zur tollsten Erfüllung. Ich dachte, wenn ich etwas will, sollte ich natürlich auch meinen entsprechenden Beitrag dazu leisten, es etwas einfacher zu machen. Also beschloss ich meinen letzten Wunsch (die Couch), den ich zu dem Moment sehr dringend brauchte, in die Zeitung zu setzen. Ich schrieb nur, dass ich günstig oder geschenkt eine Schlafcouch suchte. Daraufhin meldeten sich in einer Woche gerade mal zwei Leute und nichts war dabei, was auch nur im Ansatz dem ähnelte, was ich gerne wollte. Ich war dann schon etwas enttäuscht, das gebe ich zu und ich weiß noch gut, als bereits die neue Zeitung herauskam und mein Inserat dort natürlich nicht mehr erschien, sodass ich dann an dem Abend mir dachte, dass es wohl nicht sein sollte und ich mit dem zufrieden sein sollte, was ich angeboten bekam und ein Angebot davon annehmen sollte. Als ich also erneut den Wunsch losließ, sollte am nächsten Morgen ein Anruf erfolgen. Meine Mutter ging wie gewohnt ans Telefon, während ich noch dabei war, fertig zu frühstücken. Ich höre sie heute noch sagen: »Ja, ich glaube das ist noch aktuell, aber ich kann Ihnen gerne meine Tochter selber geben.« Ich habe nur noch entgegengerufen, ich würde sie nehmen. Meine Mutter sah mich völlig entgeistert an und winkte ab, drückte mir den Hörer in die Hand und setzte sich wieder an den Tisch. Die Dame am Telefon klang ebenfalls für den Moment etwas verwirrt, die wohl gehört hatte, was ich im Hintergrund bereits gerufen hatte und meinte dann, sie habe leider erst jetzt mein Inserat in der alten Zeitung gelesen und wollte wissen, ob das noch aktuell sei mit der Couch. Ich nur noch ganz aufgeregt: »Ja das ist aktuell und ich nehme die Couch«. Die Dame lachte und meinte: »Aber Sie haben sie doch noch nicht gesehen, wollen Sie nicht erst einmal wissen wie die Couch aussieht?«. Ich sagte dann nur, ganz selbstverständlich: »Nein, das brauche ich alles nicht wissen, das ist genau die Couch, die ich mir gewünscht habe.« Verrückterweise hat die Frau ab dem Moment gar nicht mehr so komisch reagiert, sondern sich eher sehr über meine Haltung gefreut und meinte dann, ich würde mich wohl mit so etwas gut auskennen. Wir machten dann kurzerhand einen Abholtermin aus und ich fuhr wenige Tage später mit einem Bekannten, einem Freund meiner Mutter, hin. Auch ihm erzählte ich von meinem Wunschprinzip und er belächelte es ebenfalls wie erwartet. Allem Belächeln zum Trotz war die Couch tatsächlich genauso, wie ich sie haben wollte, und kein bisschen anders. Zudem kam noch, dass die Frau mir das Sofa schenkte und alles so weit in einem wirklich tadellosen Zustand war. Die Dame war sichtlich begeistert von meinen Erlebnissen diesbezüglich sowie später meine Familie und auch Freunde. Somit ging auch der letzte Wunsch in Erfüllung. Dasselbe machte ich noch mit vielen anderen Dingen mit, wenn ich dringend etwas benötigte und das nötige Geld nicht entsprechend parat hatte. So gab ich es in kosmische Hände ab und ich bekam es, wenn es mir zustand. Auf diese Weise bekam ich auch einmal, als mein alter PC damals den Geist aufgab, einen Laptop von einem guten Freund geschenkt. Er kaufte sich einen neuen PC und schenkte mir seinen noch sehr gut erhaltenen und tadellos funktionierenden Laptop. Er wusste allerdings zuvor nicht, dass ich mir einen gewünscht hatte. Ein Gespräch zwischen meinem Vater und mir war einmal über den Wunsch eines Kinderwagens. Er kann es heute noch manchmal kaum glauben, wie das vonstattenging. Ich fragte damals mal bei Caritas zwecks eines Kinderwagens an, und sie meinten, es käme immer mal wieder etwas rein und sobald wieder etwas Neues kommt, würden sie mich benachrichtigen. Ich schickte also nach meinem Besuch bei der Caritas geistig den Wunsch hinaus, einen noch gut erhaltenen Kinderwagen in Blau (da dies meine Lieblingsfarbe ist), welcher passend zugeschnitten für meine Größenordnung ist und einen verstellbaren Griff hat, zu bekommen. Also ich muss schon zugeben, so wie ich ihn mir gewünscht hab, war das schon eine Sache für sich, und sicherlich nicht das Leichteste zu bekommen. Einige Tage später war ich mit meinem Vater und seinem Auto unterwegs. Wir hatten an diesem Tag einige Erledigungen zu machen. Als wir dann fertig waren und uns auf den Heimweg machen wollten, hatte ich plötzlich eine Eingebung. Der Kinderwagen, den ich mir so sehr gewünscht hätte wäre nun da und ich solle umgehend zur Caritas fahren und ihn abholen. Es sprudelte zeitgleich schon aus mir heraus, dass mein Vater mich doch bitte sofort zur Caritas fahren solle. Er fragte mich, was ich jetzt plötzlich bei der Caritas wolle. Ich meinte nur, mein Kinderwagen, den ich mir gewünscht hatte, wäre da. Mein Vater guckte mich von der Seite mit großen Augen an und fragte, wie ich darauf käme. Ich entgegnete ihm, dass mir das soeben geistig mitgeteilt wurde und ich das einfach wüsste. Er meinte völlig entgeistert, ob ich noch bei Trost sei und ihn da jetzt wegen irgendeiner blödsinnigen Eingebung in der Gegend herum zu hetzen. Für so einen blödsinnigen Schwachsinn habe er nichts übrig und das mache er bestimmt nicht mit. Er dachte also gar nicht daran umzukehren und sich auf den Weg dorthin zu machen. Ich wurde total wütend im Auto und lautstark zwang ich ihn förmlich, doch bitte umzukehren, ich würde ihm beweisen, dass ich mit dem, was ich sagte, recht habe. Er ließ sich zu guter Letzt dann, Gott sei Dank, doch noch dazu überreden, dorthin zu fahren. Als wir ankamen, sagte ich noch zu ihm, dass er schon sehen würde, dass ich recht habe und er meinte nur lächelnd: »Träum schön weiter!« und weigerte sich, mit hoch zu gehen, da er davon ausging, er müsse eh nichts hinuntertragen. Ich betrat also den Haupteingang, ging die Treppen hinauf und in den Kleiderladen hinein. Kaum im Zimmer angelangt, jubelte ich schon vor Freude zu der Dame an der Kasse, welche ich schon etwas kannte, dass ich den Kinderwagen abholen wolle. Sie schaute mich völlig verdattert an und meinte, woher ich wüsste, dass heute neue Kinderwägen gebracht worden waren. Ich meinte zu ihr, dass ich nur den einen für mich geeigneten abholen würde und erklärte ihr kurzerhand, dass ich vorhin so ein Gefühl hatte, dass solch ein Wagen heute für mich da wäre. Sie meinte, dass tatsächlich heute ein recht ungewöhnlich kleiner Kinderwagen abgegeben worden wäre. Sie hätten dabei wohl schon an mich gedacht und ihn gleich zur Seite gestellt und wollten sich heute im Laufe des Tages bei mir melden. Sie war ziemlich beeindruckt über dieses ›Gefühl‹, welches ich dazu deklariert habe, um weiteren Fragen dezent aus dem Weg zu gehen. Ich guckte mir also kurz den Kinderwagen an und wie erwartet, war er natürlich genau meinen Wünschen entsprechend blau, klein und der Lenker war Höhen-technisch verstellbar. Ein Traum in jeder Hinsicht für mich! Ich nahm also mein Handy, rief meinen Vater ohne weiteren Kommentar hinauf. Als er den Kinderwagen sah, schüttelte er bloß noch den Kopf und sagte zu der Frau von der Caritas voller Erstaunen, dass er mich noch vorher im Auto regelrecht fertig gemacht hätte, weil er das alles für Blödsinn gehalten hatte und er so etwas einfach nicht glauben wollte. Heute noch reden wir mitunter manchmal über diese Begebenheit, nur mit dem Unterschied, dass er diese Dinge heute mehr als ernst nimmt und mit keiner Silbe mehr darüber lachen würde.

KAPITEL 14
Familie & Partnerschaft

In den Jahren vor meiner Ehe hatte ich schon einige Beziehungen hinter mir. Ich war immer ein recht lebefreudiger Mensch, bin viel unterwegs gewesen und hab jeden Tag sehr genossen. Ich hatte viel nachzuholen, was in der Kindheit und im frühen Jugendalter, bedingt durch meine Gesundheit, einfach zu kurz gekommen ist. Ende des Jahres 2005 lernte ich dann meinen heutigen (mittlerweile) Ex-Mann kennen. Als wir uns online kennenlernten, stellten wir beim ersten Date bereits zufällig fest, dass wir uns ca. 3 Jahre zuvor schon einmal gesehen hatten und damals bereits beidseitige Anziehungskraft bestand, nur war er zu dieser Zeit noch in einer Beziehung. Wir trafen uns immer öfter und stellten schnell fest, dass wir uns mehr als freundschaftlich nahestanden, und wenige Monate darauf zog er auch schon, auf meinen Wunsch hin, bei mir ein. Es lief so weit alles recht gut bei uns, mit den üblichen kleineren Auseinandersetzungen, die man hat, wenn man sich erst aufeinander wohntechnisch einspielen muss, was wir aber relativ schnell und gut miteinander hinbekommen haben. Anfangs verschwieg er mir, dass er eine ältere Tochter hat. Ich sah zufällig beim Durchklicken seiner Fotos auf dem Handy, ein Bild von einem damals ca. 8-jährigen Mädchen. Ich fragte ihn dann gleich neugierig, wer das sei und er meinte, es wäre seine Tochter. Ich war ziemlich entsetzt, und zwar nicht, weil er eine Tochter hatte. Nein, das war ganz und gar nicht mein Problem, sondern, dass er es mir von Beginn an verschwiegen hatte. Ich bohrte nach, weil ich spürte, dass es da noch irgendwas gibt, was ihn innerlich sehr verletzt hat. Er wollte lange nicht wirklich mit der Sprache herausrücken, bis er mir Einiges erzählte, was die Kleine und auch die Mutter betraf. Er habe wohl schon einige Zeit keinen Kontakt mehr, weil dies durch bestimmte Umstände und angeblich auch durch die Mutter verhindert worden war. Ich weiß noch gut, dass ich damals plötzlich Zukunftsvisionen hatte und wusste, dass es nicht lange dauern würde und er sein Kind wiedersehen würde. Dies teilte ich ihm dann auch gleich mit. Er schaute mich an und meinte, das sei völliger Blödsinn und er gebe auf so einen Schwachsinn nichts. Ich ging darauf nicht weiter ein und meinte nur, er würde schon sehen, dass ich recht habe. Es vergingen einige Monate und durch einen Zufall kam es zu einer Begegnung mit jemandem, der meinem Mann damals mitteilte, dass sich seine Tochter wohl im Kinderheim in Augsburg aufhielt. Ich glaube, an dieser Stelle brauche ich kaum erwähnen, wie schwierig es ist, Auskünfte übers Jugendamt einzuholen, wo sich das Kind genau aufhalten soll, besonders dann, wenn man den Kontakt herstellen möchte. Ich drängte also damals darauf, nachdem ich sah, wie sehr ihm das alles wehtat, dass er versuchen sollte, Auskünfte über die Kleine einzuholen. Er verweigerte es total. Ich wusste natürlich wieso, denn ich fühlte ja seinen Schmerz und seine

Ängste und seine Gewissensbisse, versagt zu haben und den Dingen, die damals passierten, nicht gerecht geworden zu sein. Das quälte ihn sehr und er konnte kaum bis gar nicht damit umgehen. Ich redete ihm immer wieder gut zu und machte ihm klar, er könnte alles wieder gut machen, wenn er nur wollte. Die Bahnen wären nun in diese Richtung gelenkt und er bekäme jetzt vom Leben eine Chance. Ich sagte ihm damals, welche Bilder ich aus der Zukunft sah. Ich sah seine Tochter, obwohl ich sie bis zu dieser Zeit noch nicht einmal live vor mir hatte. Ich sah auch, wie sie bei uns lebte und er das Sorgerecht zugesprochen bekam. All das teilte ich ihm mit, und er fing an, total aggressiv zu werden. Er fauchte mich an, ich solle ihm nicht so einen Schwachsinn erzählen. Er würde niemals sein Kind bei sich haben können, geschweige denn, auch noch das Sorgerecht zugesprochen bekommen. Er reagierte sehr gehässig und meinte, es nerve ihn total mit meinen geistigen Voraussagen und ich hätte ja keine Ahnung, was ich da für einen Blödsinn verzapfe. Das Jugendamt würde ihn bestimmt nicht einmal im Ansatz in die Nähe seiner Tochter lassen. Auch da meinte ich nur wieder ganz ruhig und besonnen zu ihm, er würde schon sehen, dass es aber genauso kommen werden würde. Und ich sollte recht behalten, denn schon kurze Zeit darauf fanden wir über das Jugendamt heraus, in welchem Heim sie untergebracht wurde und wer dort die entsprechende Ansprechperson sei. So rief er nach vielem guten Zureden ein paar Tage später dort an und machte dann einen Termin für ein Wiedersehen mit der Kleinen aus. Ich vergesse niemals, wie aufgeregt er damals war. Er hatte schreckliche Angst, sie könne ihn von sich weisen und gar hassen, weil er so lange nicht für sie da war. Als wir dann nach Augsburg fuhren, im Heim ankamen und sich die beiden nach langer Zeit wieder gegenüberstanden, war es für mich persönlich ein mehr als heftiger Moment und es tat mir unendlich weh, dass beide nicht in der Lage dazu waren, sich in die Arme zu schließen. Beide wollten es, man sah es ihnen an, aber keiner konnte den ersten Schritt machen. Das war für mich mehr als bitter zu sehen, wobei ich mit so etwas schon gerechnet hatte. Ich sah nun die kleine Maus da so stehen und hatte sofort einen sehr herzlichen und starken Draht zu ihr. Es war für mich, als würde ich sie schon länger kennen. Sie war mir vom ganzen Wesen her sehr vertraut, was sich dann auch in späteren Jahren bestätigte, da wir schon einmal ein Leben bei den Indianern miteinander hatten, wo wir sehr gute Freunde waren. So haben wir noch am selben Tag im Heim sofort wieder einen guten Draht zueinander aufgebaut und uns von Beginn an ins Herz geschlossen. Sie akzeptierte mich vom ersten Moment an der Seite ihres Vaters und war sehr lieb zu mir. Wir lachten, spielten miteinander und verstanden uns prima. Wir verblieben sowohl mit Jugendamt als auch mit dem Heim so, dass wir regelmäßiges Besuchsrecht erhielten und sie sehen konnten. Schon nach kurzer Zeit sollten sich die Rechte ausweiten und wir bekamen die Info, sie in zwei Wochentakten zu uns holen zu dürfen. So fuhr ich jede zweite Woche von Landshut nach Augsburg und zurück, um sie zu holen. Es war mir unendlich wichtig, dass es der Kleinen gut ging und ich sah, dass sie sich sichtlich wohl bei uns fühlte. Daher tat ich erst recht alles, was in meiner Macht lag, damit sie glücklich war. Nach zwei Jahren trat dann die Mutter das Sorgerecht zugunsten ihrer Tochter an den Vater ab und er bekam noch zusätzlich sowohl vom Jugendamt als auch vom Gericht letztlich das Aufenthaltsbestimmungsrecht zugesprochen. So konnte die Kleine dann endlich zu uns ziehen und es kam alles so, wie ich es damals bereits prophezeit hatte. Einige Zeit darauf sollte sich auch das mit meinem Mann und seiner Familie bestätigen, denn auch da wusste ich, dass er nach 10 Jahren wieder Kontakt zu ihnen bekommen würde. Das sollte ebenfalls nicht ausbleiben und sein Vater, Bruder und er sahen sich bei unserer Hochzeit wieder, bei welcher sie auch spontan teilnahmen und extra aus Hannover angereist kamen. Mein Ex-Mann war immer einer der Sorte Mensch, die an nichts glaubten. Er wollte, bis er mich kennenlernte, von Gott und allem Drum und Dran nichts wissen und konnte damals nie damit etwas anfangen. Allerdings sollte er über die Jahre und die Erlebnisse, welche er mit mir hatte, eines Besseren belehrt werden. Es war oft sehr schwierig, denn er hatte oftmals ein sehr großes Problem, mit meinen Fähigkeiten klar zu kommen. Zwischendrin gab es schon Momente, wo er aufmachte, selbst ein klein wenig Freude daran hatte und sogar kleine Experimente mit mir mitmachte. Einmal saßen wir uns abends gegenüber und versuchten, ganz bewusst unsere Gedanken zu senden und zu empfangen. Also machten wir vorher verschiedene Farben oder Zahlen aus, welche man sich senden durfte. Um es erst einmal leicht zu gestalten, fingen wir klein mit drei Farben an und steigerten später das Ganze von der Anzahl her. Es funktionierte wirklich prima mit ihm, sowohl als Sender wie auch als Empfänger. Es machte ihm damals sogar richtig Spaß. Zumal auch die Erfolge ja sichtlich erkennbar waren für ihn und er selber daran teilhaben konnte. So schickte ich ihm nach einigen Versuchen, ohne, dass er davon zuvor wusste, die Farbe Grün und dachte dabei an den Pulli, den er hatte. Ich stellte mir seinen Pulli richtig vor und dachte sehr intensiv daran. Er machte plötzlich die Augen auf und sagte: »Du dachtest gerade an grün«, und meinte dann plötzlich, bevor ich es bejahte, dass es gerade ganz komisch gewesen wäre, aber er die ganze Zeit seinen Pulli vor Augen hatte. Ich lachte und teilte ihm mit, dass ich ihm diesen geistig versucht hatte zu signalisieren. Wir waren beide total beeindruckt, dass das zwischen uns so toll harmonierte. An einem anderen gemeinsamen Abend waren wir unterwegs, um uns den nächtlichen Sternenhimmel anzusehen. Wir legten uns also auf Matten am Boden, kuschelten uns zusammen, unterhielten uns, betrachteten den Himmel. Plötzlich bekam ich eine Eingebung mich ihm gegenüber zu setzen und seine Hände zu halten. Also äußerte ich meine Vision und er machte spontan mit mir mit. So wussten wir beide nicht, was denn nun folgen würde. Ich ließ mich einfach führen und meinte, wir sollten nun beide unsere Augen schließen. So verweilten wir nur kurz in diesem Zustand. Plötzlich zog es mich, wie bei einer Art Astralreise, förmlich aus dem Körper. Ich sah, wie wir fast schon kugelförmig in glänzend weißem Licht zusammenschmolzen und wir gemeinsam ins All schossen. Ringsum war es schwarz und die Sterne um uns herum leuchtend, unter uns die Erde strahlend hell. Es war unglaublich schön. Ich kannte dies schon von anderen Erfahrungen, die ich in Meditationen machen durfte. Allerdings hatte ich diese Erlebnisse ganz allein und nicht mit einem Partner. Somit war es für mich ein völlig neues und total wundervolles Erlebnis. Das Ganze hielt leider nur sehr kurz an und plötzlich riss es uns wieder ruckartig in die Körper zurück. Wir rissen beide die Augen auf und schauten uns an. Sowohl er als auch ich waren so von dem Erlebnis ergriffen, dass wir beide erst für einen kurzen Augenblick nicht mehr wussten, was wir sagen sollten. Es war einfach der absolute Wahnsinn, zumal wir es auch noch miteinander teilen durften. Später, als wir uns darüber unterhielten, stellten wir fest, dass jeder für sich wirklich ganz genau dasselbe gesehen und erlebt hat. Das sind natürlich schon Momente, die einen ewig prägen. Mein Ex-Mann sollte noch viele andere besondere Ereignisse mit mir erleben. Einmal war es so, dass er damals noch bei einer Zeitarbeitsfirma tätig war. Eines Tages, alles war so weit in Ordnung, verspürte ich plötzlich ein komisches Gefühl. Ich hakte innerlich nach, was das war und wusste, dass in wenigen Tagen mein Mann eine Kündigung erhalten sollte. Dies teilte ich ihm mit und er meinte nur ganz oberflächlich, das könne er sich kaum vorstellen, dafür wüsste er keinen Grund. Ich sagte es ihm noch einmal eindringlich, dass da irgendwas kommen würde. Am Freitagabend sollte sich dann mein Gefühl bestätigen. Mein Mann kam heim und legte mir ein Kündigungsschreiben vor. Er meinte, dass ich doch tatsächlich wie immer recht hatte und regte sich furchtbar über die Kündigung auf. Auch machte er mich in dem Moment schrecklich runter und er hatte große Sorgen, wie es denn jetzt weiter gehen sollte, da seine Tochter erst kurz bei uns wohnte. So ging ich erst einmal, wie ich es vorhatte, ins Bad, um zu duschen. Als ich so unter der Dusche stand und mir furchtbare Sorgen machte, wie es denn nun weiter gehen sollte, kam plötzlich die mir vertraute Stimme zum Vorschein. Sie teilte mir liebevoll mit, dass ich mir keine Sorgen machen bräuchte. Es würde alles gut werden und es hätte schon seinen Sinn, was jetzt passiere. Er würde sehr schnell wieder eine neue und wesentlich bessere Arbeit finden. Es wäre dann keine Zeitarbeitsfirma, sondern eine unbefristete Festanstellung bei einer ganz normalen Firma und er würde mehr Geld verdienen, als er es bisher je verdient hätte. Er bräuchte nach dieser Arbeit nicht suchen, denn sie käme auf ihn zu. Sogleich mir all das mitgeteilt wurde, war ich plötzlich völlig gelassen und innerlich ruhig, als hätte ich zuvor nie Sorgen oder gar Existenzängste gehabt. Ich stieg also kurz darauf ganz gelassen aus der Dusche, rief, nachdem ich mich fertig gemacht hatte, meinen Mann ins Bad. Ich nahm ihn in die Arme, streichelte ihm zärtlich übers Gesicht und teilte ihm alles mit, was mir kurz davor übermittelt wurde. Er sah mich mit großen Augen strahlend an und meinte: »Schatzi, weißt du was? Wenn du das sagst, weiß ich, dass es stimmt! Komischerweise habe ich auch ein sehr gutes Gefühl seit wenigen Minuten und bin ganz ruhig!« Auch dem Rest der Familie haben wir davon erzählt, sowie meinem Papa. Er meinte damals, dass er gespannt sei, ob das denn wirklich so stimmen könnte. Wenige Wochen darauf, als er bereits beim Jobcenter angemeldet war, klingelte früh morgens um 8 Uhr das Telefon. Ich war noch im Halbschlaf und hörte, dass mein Mann meinte, er schicke dann morgen die Bewerbung der Firma zu. In diesem Moment meldete sich die Stimme wieder bei mir, anders als sonst. Zwar wie immer liebevoll, aber mit etwas innerem Druck dahinter. Es wurde mir in diesem Augenblick klargemacht, dass keine Zeit verloren werden dürfe. Als ich dies verstand, war ich schlagartig hellwach und sprang aus dem Bett. Ich meinte zu ihm: »Das war doch das Arbeitsamt, oder?« Er dann zu mir: »Woher weißt du das schon wieder?« Ich fragte ihn dann, was sie genau wollten und er erklärte mir, dass sie ihm heute einen Bewerbungsbogen für eine Firma zuschicken werden, wo er sich dann morgen schriftlich bewerben sollte. Ich polterte dann stürmisch los, er sollte sofort beim Jobcenter zurückrufen und sich umgehend die Adresse und Telefonnummer der Firma geben lassen und auf keinen Fall Zeit verstreichen lassen. Ich erklärte ihm dann, dass mir vorhin im Bett mitgeteilt wurde, dass es genau die Arbeitsstelle sei, die für ihn vorgesehen wäre und er müsse unbedingt einer der ersten Bewerber sein, denn dann würden sie ihn nehmen. Als er das hörte, griff er zum Telefonhörer, rief das Arbeitsamt zurück und ließ sich alle Daten geben. Danach meldete er sich umgehend bei der vorgesehenen Firma und sollte noch am selben Tag dort zum Vorstellungsgespräch erscheinen. Am Tag darauf erfolgte die Probearbeit. Er wurde dann letztlich dort eingestellt und bekam auch einen unbefristeten Arbeitsvertrag. Es sollte, wie erwartet, keine Zeitarbeitsfirma mehr sein und auch der Verdienst war wesentlich besser, als es zuvor je war. Das war für uns alle eine große Erleichterung und Freude, dass wir so wundervolle und liebevolle Unterstützung von oben erhielten. Es waren schöne Momente, die ich auch aus dieser Zeit nicht missen wollen würde. Doch leider gab es auch weniger schöne Zeiten in unserer Ehe, wobei ich an dieser Stelle nur auf eine Kleinigkeit eingehen möchte, um zu zeigen, wie stark leider auch die negativen Kräfte wirken können und wie schlimm geistige Besetzungen von dunklen Wesen sein können, wodurch sie mitunter entstehen oder ausgelöst werden können. Auch da habe ich viel mit ihm erlebt und es war nicht immer einfach. Dieser eine Moment hat mir jedenfalls besonders bewusst gemacht, wie schnell es gehen kann, dass man von einer Besessenheit zum Opfer werden kann. Ich stand zu diesem besagten Moment gerade im Bad und putzte das Waschbecken, als mein Mann nach Hause kam. Ich merkte schon, kurz bevor er kam, eine seltsame Schwingung, und als er die Wohnung betrat, intensivierte sich dieses unangenehme Gefühl noch in mir. Ich wusste noch nicht gleich genau, was es war, aber es fühlte sich sehr schlecht an. Er hing also im Gang seine Jacke auf und schritt zum Bad. Er stand an der Türschwelle, grüßte mich und guckte mich noch relativ normal an. Ich sah ihn an und fühlte, dass er irgendwas an äußerst negativer Energie mit heim gebracht hatte. Ich fragte ihn, was los sei und er sagte nichts, er schaute mich nur komisch an. Plötzlich nahm ich hinter seinem Rücken eine schwarze, beinah schon nebelartige dunkle Energie wahr, wie sie schlagartig in seinen Körper schoss. Ich erschrak fürchterlich und wusste gar nicht mehr wie mir geschah. So etwas habe ich zuvor noch nie erlebt und es ließ mich für einen Moment regelrecht erstarren. Ich sah plötzlich, wie sich seine Augen ganz dunkel färbten und da schauten mich auf einmal nur noch zwei schwarze, starre Pupillen an. Ich hatte selten so eine Angst wie in diesem Moment. Vom Gefühl her war es, als wollte mich dieses Ding durch ihn anspringen und regelrecht zerfleischen. Es war grauenvoll, und ehrlich gesagt, denke ich daran auch nicht mehr gerne zurück. Er fing an, mich grundlos anzuschreien, in einem ganz grauenhaften Ton. Ich versuchte, inne zu halten und Ruhe zu bewahren. In diesem Augenblick fiel mir wieder ein guter Freund von mir ein, der mir früher sehr gut erklärt hat, wie ich mich gegen negative Energien noch besser schützen könnte. Dies habe ich dann auch prompt angewendet. Ich stellte meinen Mann in eine strahlendweiße Lichtsäule und schoss einen intensiven hellen Lichtstrahl von meinem Herzchakra aus nach vorne in seine Richtung. Ich bündelte all meine Liebesenergie so stark, dass das Wesen keine Chance mehr hatte und schlagartig aus seinem Körper und auch aus der Wohnung wich. Mein Mann brach in der Türschwelle vor mir zusammen und fing an zu weinen. Wir gingen zusammen hinüber ins Wohnzimmer und er beteuerte mir, er wüsste nicht, wieso er mich gerade so anschrie und einen furchtbaren Hass auf mich hegte. Er meinte, es hätte sich so angefühlt, als sei er nicht mehr Herr über sich selbst gewesen. Ich erzählte ihm dann, was ich gerade erlebt hatte und gemacht hatte, um es wieder loszuwerden. An dieser Stelle möchte ich kurz etwas ganz Wichtiges loswerden, nämlich, wodurch diese Besetzung meines Exmanns so leicht möglich gewesen war. Er war damals starker Raucher, auch Alkohol und Drogen waren ihm vor meiner Zeit kein Fremdwort gewesen. Dadurch bedingt hatte seine Aura starke Risse bekommen. Somit war es ein leichtes Spiel für diese dunklen Wesen. Man öffnet ihnen sozusagen damit die Türe und sie bekommen ganz leicht die Möglichkeit, sich an jemanden zu heften und an dessen Energien zu saugen. Im schlimmsten Fall ist es für diese Wesen auch möglich, sich des Körpers regelrecht zu bemächtigen und für deren Boshaftigkeit zu missbrauchen.

Liebe ist die reinste Form von Energie, welche uns stets umgibt.
Liebe ist das, was uns keine Macht dieser Welt nehmen kann.

KAPITEL 15
Schwangerschaft & Geburt

Die Beziehung mit meinem Ex-Mann war oft nicht die leichteste. Bedingt durch seine schwierige Vergangenheit und ungelösten Konflikte mit seiner Familie, legten sich diese und auch andere Aspekte seiner Lebensweise sehr schwer auf unsere Beziehung nieder. Er war und ist einfach einer dieser Menschen, die sich partout nicht helfen lassen wollen, weil es der falsche Stolz nicht zulässt. Das und noch einiges mehr verurteilte letztlich unsere Beziehung und Ehe zum Scheitern. Obwohl wir aus vergangenen Leben doch eine starke Verbindung zueinander hatten, sollte es in diesem Leben einfach nur ein gewisser Lebensabschnitt sein, den wir miteinander führen sollten. Dieser Abschnitt war eine große und wichtige Lernerfahrung, wie es alles im Leben ist. Als ich erkannte, dass diese Erfahrung nun ihrem Ende zugeht, habe ich die Kette durchbrochen und mich von dieser Ehe gelöst, sonst hätte sie mir sowohl seelischen als auch letztlich körperlichen Schaden erbracht. Ich bin aber keineswegs meinem Ex-Mann schlecht gesonnen. Ganz im Gegenteil, ich wünsche ihm das Beste für seinen Lebensweg. Ich habe diesen Mann wirklich einmal sehr geliebt, auch wenn die Zeit nicht immer einfach war und letzten Endes ist etwas Wunderbares aus dieser Beziehung entstanden, was ich keinesfalls mehr missen will, nämlich unser gemeinsames, kleines Kristallkind Anastasia, welche zum gegenwärtigen Zeitpunkt mittlerweile knapp 5 Jahre alt ist. Ich kann mich noch zu gut daran zurückerinnern, wie ich als Kind immer gesagt habe (vor allem zu meiner Oma), dass ich später einmal eine Tochter haben werde, welche Anastasia heißen wird. Und genau so sollte es, dann auch kommen. Ich gebe offen zu, zu diesem Zeitpunkt war ich vom Kopf her so eingestellt, dass ich erst an Kinder mit angehenden 3o Jahren denken wollte. Zuerst einmal wollte ich einige Zeit bestimmte Ziele im Leben erreichen, um dann ein Kind in die Welt zu setzen. Ich weiß noch zu gut, wie alles begonnen hat, zum Beispiel, als ich die ersten Zeichen bemerkte, welche ich ein halbes Jahr, bevor ich schwanger wurde, ständig und überall bekam. Es ging ganz plötzlich los! Auf einmal sah ich nonstop schwangere Frauen in meiner Umgebung, oder Mütter mit Kinderwagen umherfahren. An sich war das ja nichts Außergewöhnliches und etwas völlig Normales. Allerdings in dem Ausmaß, wie es zu diesem Zeitpunkt in meinem Leben stattfand, war es alles andere mehr als normal. Selbst, als ich nur den Fernseher einschaltete, lief in jedem Programm irgendetwas zum Thema Babys oder Mütter. Nicht einmal in der Arbeit bekam ich davor Ruhe, selbst dort wurde ich schlagartig mit der Sortierung oder dem Einpacken von Babykleidung konfrontiert. Anfangs dachte ich mir noch nichts dabei, aber als es sich dann wirklich tagtäglich enorm gehäuft hat, bekam ich schon richtige Zustände. Ich fühlte mich regelrecht von diesem Thema verfolgt und wollte in diesem Moment wirklich rein gar nichts davon wissen. Es verging noch einige Zeit und plötzlich vertrug ich die Pille nicht mehr gut. Zuvor hatte ich sie jahrelang ohne irgendwelche Probleme genommen. Es hatte bisher an nichts gefehlt, dann gingen die Beschwerden schlagartig los. Ich redete mit meinem Mann, ich wollte sie absetzen und mir vom Frauenarzt etwas anderes geben lassen. Derweil sollten wir eben besonders Acht geben, damit nichts passieren könnte. So verhüteten wir eben entsprechend anderweitig und stellten weiteren körperlichen Kontakt fast völlig zurück. Und genau beim allerersten Mal muss wohl die Empfängnis von der Kleinen stattgefunden haben. Diese Nacht, in der wir ebenfalls aufpassten, werde ich sicherlich niemals vergessen, denn was ich da sehen durfte, war wirklich unglaublich faszinierend und wunderschön. Denn während dieses Augenblicks der körperlichen Nähe und Zärtlichkeit sah ich plötzlich ein helles, strahlendes, weiß-blaues Licht, welches von der Decke kam und in meinen Körper glitt. So verrückt und unglaublich es vielleicht für manch einen klingen mag, aber in dem Moment war mir völlig bewusst, dass ich schwanger war. Danach fragte ich meinen Ex-Mann noch, weil ich es einfach nicht glauben wollte, was ich gerade wahrgenommen hatte, ob das Verhütungsmittel nicht irgendwo beschädigt wurde. Er meinte, er hätte noch im Bad geschaut, aber es wäre alles okay gewesen. Ich verließ mich auf seine Aussage und beruhigte mich damit, dass das alles womöglich andere Gründe gehabt hätte, was ich gesehen hatte. Ich erzählte ihm diesmal ausnahmsweise nichts von meiner Vision und behielt sie für mich. Ich versuchte, das Erlebnis dieser Nacht. so gut es ging, zu vergessen und meinem gewohnten Alltag nachzugehen. Allerdings beschlich mich nur wenige Tage später wieder so ein seltsames Gefühl. Irgendetwas war anders! Ich konnte es nicht genau erklären, aber ich fühlte mich plötzlich nicht mehr allein. Um es genau zu erklären, ich hatte das Gefühl, es wäre etwas bei mir. Eine sehr vertraute und angenehme Energie. Anders, als ich es sonst gewohnt war, noch viel intensiver und mir viel näher. Es vergingen einige Wochen und der Geburtstag von der Tochter meines Mannes war gekommen. Wir fuhren mit ihr zu einem Erlebnispark. Dort angekommen wollten wir alle zusammen Trampolin springen und andere Sachen miteinander fahren. Doch plötzlich hielt mich innerlich ein ganz starkes Gefühl davon ab, mitzumachen. Ich wollte eigentlich unbedingt, aber dieses warnende Gefühl war stärker und ich hörte darauf und ließ die anderen mit der Kleinen alleine herumtollen. Wenige Zeit darauf schnaufte ich plötzlich schwerer beim Treppensteigen und auch sonst war mir alles so beschwerlich. Als dann meine Tage ausblieben, war mir alles klar. Ich holte einen Schwangerschaftstest und machte diesen alleine zu Hause, als mein Mann noch arbeiten war. Und wie es so sein musste, war der Test natürlich positiv ausgefallen. Ich fiel aus allen Wolken, denn ich hatte bis zum letzten Moment versucht, mir einzureden, dass nichts sei und ich mir das alles nur eingebildet hätte. Jedoch war es anders. Gleich danach rief ich beim Frauenarzt an und sagte es sei ein Notfall, und ich möchte bitte sofort einen Schwangerschaftstest machen. Gesagt, getan! Ich fuhr gleich hin und ließ einen, ebenfalls positiv ausfallenden, Test machen. Mein Frauenarzt fiel aus allen Wolken vor Angst, was ich in seiner Situation nur zu gut verstehen konnte. Er war schließlich im Prinzip völlig hilflos. Er meinte erst mal, man müsse das alles von Fachärzten abklären lassen und ich solle mir übers Wochenende alles gut durchdenken. Er hatte große Sorge um mich und sagte, er wüsste nicht, wo denn das Kind überhaupt Platz hätte und es mir womöglich die Luft zum Atmen fast ganz nehmen könnte, da es ja alles noch mehr einengen könnte. Alles in allem hatte er verständlicherweise große Sorgen um mich und das Kind und wollte kein Risiko eingehen. Ich schaute ihn an und meinte dann ganz ruhig, dass er das mal meine Sorge sein lassen sollte. Ich werde das Kind bekommen und sicherlich nicht abtreiben. Das käme für mich keinesfalls infrage und ich wüsste, dass alles gut gehen würde. Ich machte mir in keiner Weise Sorgen. Plötzlich waren die Stunden der Angst, frühzeitig schwanger zu sein, weg und ich wusste ganz genau, dass alles seine Richtigkeit habe. Ich fühlte mich eins zu eins mit meinem Kind verbunden, jetzt noch viel mehr als zuvor, da mir klar wurde, dass es das kleine Wesen war, welches sich schon weit vor dieser Zeit angekündigt hatte. Ihre Seele war so weit und wollte kommen. Der Zeitpunkt war von ihr gewählt und somit auch der richtige. Also gab es für mich keinen Grund, sich zu sorgen, ganz im Gegenteil! Der Grund einer wahnsinnig großen Freude war da. Ich kam nach Hause und mein Mann wartete bereits auf mich. Ich fiel ihm in die Arme. Er reagierte auf die Nachricht sehr positiv und meinte, dass er voll und ganz hinter mir und unserem Kind stehe. Ich muss wirklich sagen, dass er zu dieser Zeit ein liebevoller Mann war, der hinter mir stand und sich bemühte, wo es nur ging. Es war natürlich nicht so leicht, die Botschaft meiner Familie zu verkünden. Als sie es erfuhren, drehten alle erst mal völlig am Rad. Meine Eltern wie auch dann viele Ärzte später, rieten mir sofort zu einer Abtreibung. Sie hatten eine riesige Panik, wobei ich es bei meinen Eltern noch verstehen konnte, heute noch mehr wie damals. Sie hatten einfach Angst und Sorge darum, ihr einziges Kind zu verlieren, wobei sich diese Sorge nach einiger Zeit legte und auch die geistigen Kräfte am Werk waren, mich bei meiner Entscheidung zu unterstützen, sodass sich auch meine Eltern damit zurechtfanden und es akzeptierten. Meine Oma sowie meine engsten Freunde hatten größtes Vertrauen in das, was ich tat und unterstützen mich in jeder Hinsicht. Die Schwangerschaft an sich war nicht so, wie es mir von verschiedenen Ärzten und einem Lungenfacharzt prognostiziert wurde. Denn dort hieß es, ich würde ab dem 3. bis 4. Monat sowieso nur noch liegen müssen. Der Lungenfacharzt war sogar dreist, mir anzuraten, abzutreiben, da das Kind und ich es eh nicht überleben würden und falls doch, es mehr als ein Wunder wäre. Zudem hatte er mir noch erzählen wollen, dass ich an Asthma leiden würde, obwohl ich noch nie irgendwelche Asthma-ähnliche Erscheinungen oder dergleichen hatte. Ich war so wütend über so viel Dreistigkeit und Frechheit dieses Arztes, dass ich ohne große Worte seine Praxis sofort verließ. Einige Jahre darauf bestätigte mir übrigens ein anderer Lungenfacharzt, welcher auch mit Homöopathie arbeitet, dass ich keinesfalls Asthma hätte. Nun, jedenfalls hatte ich einen recht angenehmen Schwangerschaftsverlauf, bis auf den dritten Monat, da ich bedingt, durch den ganzen Ärger und Stress, tatsächlich eine Lungenentzündung bekam. Ich begab mich dann ins Krankenhaus und ließ mich dort vorsichtshalber behandeln. Was mir letztlich sehr schnell half, war die Ruhe, die ich dort hatte. Denn in diesem Krankenhaus bekam ich die notwendige Unterstützung der Ärzte, welche mir nicht gegen die Schwangerschaft rieten, sondern mich tatkräftig unterstützten und begleiteten. Zudem waren sie auch kompromissbereit in Bezug auf Naturheilverfahren. Sie haben dort wirklich einige gute Ärzte, die schon wesentlich aufgeschlossener sind und bereit für eine neue Weitsicht in der Arznei sind. Das war natürlich dann ein recht schönes Zusammenarbeiten und Miteinander, weil wir an einem Strick gezogen haben, zum Wohle des Ganzen. Dort durfte ich das erste Mal in meinem Leben auch einmal positive Erfahrungen mit Ärzten machen und das freut mich heute noch riesig. Es zeigte mir, dass wir zumindest mittlerweile gute Ansätze haben und auf diesen kann man aufbauen. Es hatte nur kurz gedauert und ich war wieder völlig fit. Die Ruhe hatte mir sehr gutgetan und meine Familie nahm danach bedeutend mehr Rücksicht auf mich. Sie erkannten, dass dieser Stress, welchen sie mir zugefügt hatten, alles andere als gut für mich und das Kind war. So wurde alles relaxter zu Hause und ich konnte die Schwangerschaft in vollem Umfang genießen. Mein Kind und ich waren sehr stark miteinander verbunden. Es war ein wahnsinnig schönes Gefühl, das mich mit der Kleinen verband. Jede Frau, die einmal diese Zeit selbst durchlebt, weiß jetzt genau, was ich meine. Man ist einfach eins mit seinem Kind. In jeder Sekunde, die man ein- und ausatmet, spürt man die tiefe Verbundenheit zueinander. Sie vermittelte mir geistig so vieles, denn in dieser Zeit waren meine Sinne noch viel ausgeprägter und ich nahm noch viel mehr wahr als zuvor. Es war bedingt durch das kleine Wesen, welches in mir war und mich leitete und es begleitete mich für diese Zeit, was es heute noch in vollem Umfang tut. Ich muss heute noch lachen, denn der Arzt hatte beim ersten Mal, als es um das Geschlecht des Kindes ging, gesagt, es würde ein Junge werden. Dabei wurde dann später festgestellt, dass es doch ein Mädchen sein sollte. Ich weiß noch, als der Arzt sagte, es sei ein Junge, mir das völlig innerlich widerstrebte, denn ich wusste doch von jeher, es sollte ein Mädchen werden und Anastasia heißen. Das konnte nicht sein und doch hieß es anfangs so. Also musste ich mich wohl oder übel damit abfinden. Bitte, an dieser Stelle nicht falsch verstehen, ein Junge wäre genauso schön und toll gewesen. Allerdings spürte ich einfach, dass das nicht stimmen konnte. Ich spürte es nicht nur, ich wusste es einfach. So weiß ich noch zu gut, wie absolut unentschlossen mein Mann und ich in Bezug auf einen Namen für den ›Jungen‹ waren. Wir konnten uns überhaupt nicht auf einen Namen einigen und keiner sagte mir so wirklich zu. Die Namen, die ihm gefielen, waren mir völlig unsympathisch und überhaupt missfiel mir das Ganze. Wenige Wochen darauf erfuhr ich bei einer weiteren Ultraschalluntersuchung, dass sich der Arzt geirrt hatte und es ein Mädchen werden würde. Meine Freude war riesig! Die ganze Zeit über wusste ich es, dass da etwas nicht stimmen konnte. Ich ging gleich, nachdem ich die frohe Botschaft erfahren hatte, in den nächsten Buchhandel und kaufte (um weitere Diskussionen mit meinem Mann zu vermeiden), ein Namensbuch für uns. Ich kam heim, erzählte ihm, dass ich Recht behalten hatte, und es ein Mädchen würde. Auch er freute sich mit mir sehr und ich überreichte ihm das Buch mit der Äußerung, er solle doch mal bitte alle Namen in Ruhe durchgehen und jene Namen, die ihm gefielen, auf einen Zettel schreiben. Ich würde mich dann für einen dieser Namen, welche darauf stehen, entscheiden. Er guckte etwas verdutzt an, als ich ihm das sagte, nahm aber das Buch entgegen und blätterte es durch. Es hatte einen Grund, warum ich dies tat und ihm nichts von dem Namen Anastasia je erzählte. Denn ich ging davon aus, dass ihm dieser lange und nicht allzu häufig vorkommende Name keinesfalls gefallen würde. So behielt ich es mir vor, ihn eventuell als Zweitnamen zu verwenden, sobald er seinen Wunsch geäußert hatte. So blätterte er interessiert das Buch durch, lachte einige Male lauthallend über manch für ihn belustigenden Namen und meinte dann schon relativ zu Beginn, dass er bereits einen Namen hätte, den er für die Kleine wollte. Ich guckte ihn an und meinte, er hätte wohl nicht ganz das Prinzip verstanden. Ich wollte, dass er sich doch bitte mehrere Namen aussuchen sollte und ich mich dann für einen dieser entscheiden würde. So fände ich es fair, da wir dann beide entsprechend zum Zuge kommen würden. Er meinte dann, das sei ihm egal, er habe bereits einen Namen, der gefiele ihm und in seinen Augen käme kein anderer Name mehr infrage. Ich war richtig wütend in dem Moment und schon fast geneigt dazu, mit ihm zu diskutieren. Ich fragte ihn dann ziemlich erzürnt, welchen Namen er denn so unbedingt für seine Tochter haben wollte. Als er mich dann anschaute und den Namen Anastasia aussprach, fiel ich fast aus allen Wolken. In dem Moment wusste ich gleich gar nicht mehr, was ich überhaupt noch sagen sollte, so baff und von den Socken war ich. Ich schaute ihn in dieser Sekunde nur völlig unglaubwürdig an und meinte dann, ob das denn jetzt wirklich sein Ernst sei. Er motzte mich an, was mir denn jetzt wieder nicht passen würde. Es sei doch ein wunderschöner Name, welcher ihm sofort ins Auge gefallen wäre. Er hatte wirklich keinerlei Ahnung davon, was es mit dem Namen Anastasia auf sich hatte, denn davon wusste gerade mal eine Handvoll Leute. Also war mein Ex-Mann völlig ahnungslos. Als ich begann, ihm davon zu erzählen, was ich als Kind immer meiner Oma und ein paar wenigen Freunden prophezeite, war er fassungslos und total erstaunt. Uns beiden wurde damit klar, dass dies Schicksal und der Name für die Kleine definitiv bestimmt war. Später erkundigte ich mich, welche Bedeutung dieser Name eigentlich hatte. Ich fand heraus, dass der Name auf eine römische Märtyrerin namens Anastasia von Sirmium zurückführte, aus dem Griechischen kommt und ›jene, die auferstehen wird/soll‹ bedeutet. Wenn man sich ein wenig mit Numerologie auskennt, weiß man, dass die Zahlen in ihrem Namen ein starkes Selbstbewusstsein widerspiegeln. Menschen mit dieser Zahlenkombination sind meist sehr herzliche, hilfsbereite und großzügige Wesen, die an ihre Grenzen gehen. Es sind Personen, die zielorientiert und unabhängig ihren individuell gestalteten Lebensweg gehen und auch meist starke Führungsqualitäten aufweisen. Somit wurden für sie schon allein nur durch die Namensgebung wichtige und gute Weichen für die Zukunft gestellt. Da es bei mir von Anfang an klar war, dass ich einen Kaiserschnitt bekommen sollte, weil man ja nicht wusste, wie lange ich mein Kind austragen konnte, wusste man auch klarerweise nicht, wann der wirkliche Geburtstermin sein könnte. Es war alles möglich, wobei die Ärzte damit gerechnet hatten, dass im schlimmsten Fall schon in der 24. Schwangerschaftswoche die Kleine geholt werden hätte müssen. Der reguläre Geburtstermin wäre Ende August, Anfang September gewesen. Bis dahin war aber keinesfalls auch nur daran zu denken. Viel wahrscheinlicher war bereits der April oder Mai. Ich sagte damals bei einem Telefonat zu meiner Oma, noch ziemlich zu Beginn der ganzen Schwangerschaft, dass ich das Gefühl hätte, mein Kind würde auch vom Sternzeichen her wie ich ein Krebs werden. Ich meinte sogar zu ihr, es ginge mir geradezu so, als würde sie sogar an meinem Geburtstag zur Welt kommen. Und genau so sollte es letztlich auch kommen. Ich hielt viel länger durch, als die Ärzte das erwartet hatten und alles verlief so weit problemlos. Wenige Wochen vor der ungeplanten Entbindung ging ich von mir aus ins Krankenhaus, um dort noch mehr nötige Ruhe zu bekommen und unter ärztlicher Überwachung zu bleiben. Es tat mir sehr gut, da ich noch etwas entspannen konnte, mehr als zu Hause und ich wusste, dass ich jederzeit Unterstützung bekäme, falls alles doch plötzlich schneller gehen würde. An einem Samstag, das war der 21.06.2008, bekam ich plötzlich starke Wehen. Da ich diese Schmerzen zuvor nicht kannte, war mir völlig klar, dass es Wehen sein musste. Ich wurde an einem Wehenschreiber gesetzt, nur wurden dort leider keine Wehen mehr festgestellt. Ich beteuerte, es ganz genau zu wissen, dass es welche gewesen waren und ich das Gefühl hätte, es wäre nun langsam so weit, die Kleine holen zu lassen. Die Ärzte respektierten meinen Wunsch und legten den Termin für Montag, den 23.06.2008 fest. Und, wie ich es schon weit vor der Zeit bereits fühlte, sollte der Geburtstermin meiner kleinen Maus auf meinen eigenen Geburtstag fallen.

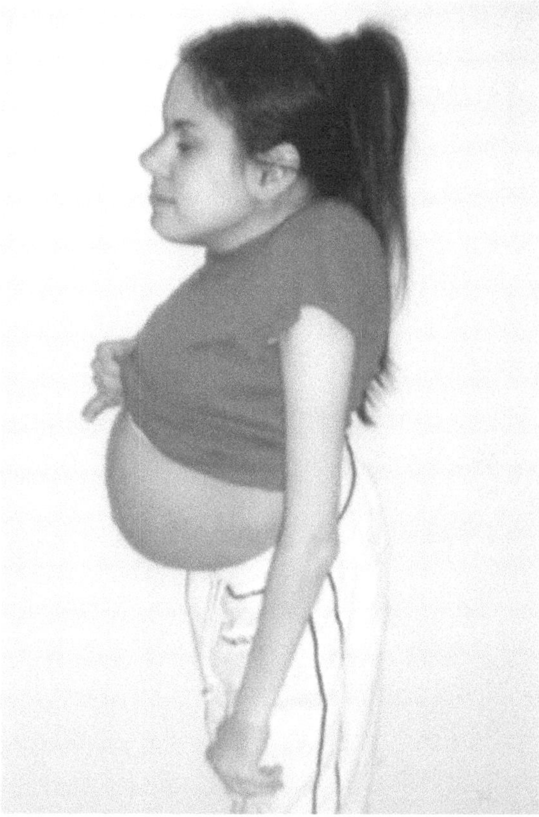

Hier als ich ca. im 7. Monat schwanger war.

Meine kleine Maus, die als Frühchen in der 31. SSW zur Welt kam.

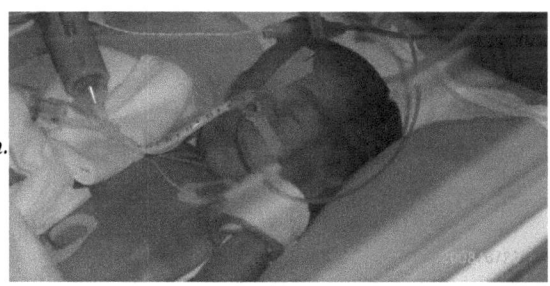

KAPITEL 16
Kristallkind

Zum eigentlichen Geburtshergang möchte ich mich an dieser Stelle nicht groß äußern, ganz einfach aus dem Grund, weil einiges nicht ganz so lief, wie es laufen hätte sollen. Da ich schon vor der Zeit geistig auf dieses Unterfangen vorbereitet wurde, hatte ich es so weit sehr gut verkraftet. Ich möchte der Klinik an dieser Stelle keinesfalls in irgendeiner Weise schaden, denn alles was passierte, war bereits vorgesehen und sollte so sein. Daher gebe ich niemandem für irgendetwas die Schuld, ganz im Gegenteil! Diese Ärzte haben in jeder Weise beste Arbeit geleistet und alles gegeben. Es geht mir und der Kleinen ausgezeichnet. Wir sind gesund und munter. Das ist, was einzig und alleine zählt! Ich bin heute noch sehr dankbar für die Unterstützung, die ich dort bekam. Und, wie schon vorhin erwähnt wurde, war ich mehr als erfreut zu sehen, dass manche Ärzte anfangen, umzudenken. Das finde ich große Klasse! Weiter so! Nur so kann die Medizin wirklich gute Fortschritte erzielen. Nun, als ich also aus der Narkose noch im OP-Saal aufwachte, sagte mir die Ärztin gleich, dass alles gut gegangen wäre und Anastasia gesund und munter sei. Ich entgegnete ihr, dass ich das bereits wüsste und war überglücklich, sie bald bei mir zu haben. Ich konnte es kaum noch erwarten, mein Mäuschen zu sehen, wobei ich wusste, dass ich sie leider noch nicht in die Arme schließen konnte. Denn sie war ja noch ein Frühchen mit gerade mal 1.180 Gramm Geburtsgewicht und 42 cm Größe. Sie lag also noch in der entsprechenden Frühchenstation im Brutkasten. Sobald ich im Zimmer ankam, wollte ich auch nicht mehr lange auf mein Kleines warten, also schaffte ich es, trotz starker Schmerzen wegen des frischen Kaiserschnitts, meine Tochter am selben Tag zwei Mal sehr lange zu besuchen. Ich verweilte so lange, wie es nur ging, bei ihr am Brutkasten. Am nächsten Tag kam dann die Hiobsbotschaft, dass sich bei ihr der Ductus nicht schließen wollte. Zur Erläuterung: Der Ductus arteriosus stellt im Kreislauf des ungeborenen Kindes eine normale und notwendige Verbindung zwischen der Lungenschlagader und der Körperschlagader dar. Normalerweise verschließt sich der Ductus innerhalb von Stunden bis Tagen nach der Geburt spontan. Bleibt dieser Verschluss aus, spricht man von einem fortbestehenden Ductus arteriosus. Somit handelt es sich im eigentlichen Sinne nicht um einen Herzfehler, sondern um einen Gefäßfehler. Dass sich der Ductus nicht schließt, kommt häufiger bei Frühgeburten vor. Es kann nur in den ersten Lebenstagen der Verschluss eines offenen Ductus arteriosus bei Früh- und Neugeborenen durch die Gabe von speziellen Medikamenten gelingen. Da diese jedoch eine hohe Nebenwirkung haben, sollte man (wenn überhaupt) nur für einen ganz kurzen Zeitraum damit behandeln, ansonsten hilft nur noch ein operativer (regelrechter Pinzetten-) Eingriff, bei welchem der Ductus mit einem Clip verschlossen wird. Wir entschieden uns, als wir es erfuhren, erst einmal für die medikamentöse Behandlung, brachen aber nach wenigen Tagen ab, da wir keinesfalls dem kleinen Organismus schaden wollten und sich der Ductus trotz der Medikamente nicht geschlossen hatte. So wurde Anastasia nach nur einer Woche bereits operiert. Ich weiß noch zu gut, als wäre es erst gestern gewesen, wie viele Ängste wir alle durchgestanden haben. Ich betete ganz besonders viel in dieser Zeit und verband mich stark mit der geistigen Welt. Trotz aller Sorgen und Ängste fühlte ich, dass alles gut werden würde und seinen Sinn hätte. So überstand das kleine Mäuschen die OP soweit gut und ich war täglich zwei Monate lang von morgens bis abends bei ihr, auch, obwohl ich sie anfangs noch nicht in meinen Armen halten konnte, da sie noch einige Zeit im Brutkasten liegen musste. Ich wusste genau, dass sie meine Anwesenheit spürte. Umso schöner war es dann, als ich sie das erste Mal endlich in meinen Armen halten durfte. Ich hatte sie sehr lange an meinem Körper geschmiegt, mit einer Decke darüber liegend. Ich vergesse niemals, wie schrecklich sie geschrien und geweint hatte, als die Schwester sie wieder zurück in den Brutkasten getan hatte. Es hat mir dabei innerlich fast das Herz zerrissen, sie so schreien zu hören und ihren Schmerz, von mir genommen zu werden, zu spüren. Wenn ich so darüber schreibe und die Erinnerungen fließen lasse, dann kommen mir wieder die Tränen, so sehr berührt es heute noch mein Herz. Jede Kinderseele ist etwas ganz Besonderes und Wunderbares. Gerade die heutige Zeit bringt wundervolle, kleine

Geschöpfe hervor. Es sind ganz zarte, weiche, liebevolle und beinahe schon engelhafte Wesen. Damals in den 80er Jahren begann es bereits mit den Indigokindern, zu welchen auch ich zähle. Indigokinder sind die Vorreiter einer völlig neuen Generation Kinder; sie kommen mit vollem Bewusstsein und dem Gefühl auf die Erde, königliche Hoheiten zu sein und verhalten sich auch meist dementsprechend. Sie haben ein enormes Selbstwertgefühl und kennen meist ihre Aufgabe im Leben. Sie wissen genau, wer und was sie sind und machen das ihrer Umgebung deutlich klar. Mit Autorität haben sie aufgrund ihrer Lebenseinstellung ein großes Problem. Sie mögen es gar nicht, Grenzen gesetzt zu bekommen und setzen alles daran, die Grenzen zu sprengen. Massenorientiertes Denken und Handeln missfällt ihnen völlig. Sie sind sehr kreative Wesen, da bei ihnen die rechte Gehirnhälfte ausgeprägter ist als die linke, was in der Gesellschaft häufig üblich ist. Sie sind eigenwillige Geschöpfe, denn sie wissen, was für sie das Beste ist und wollen sich das nicht nehmen lassen. Meist sind sie technisch hochversiert; einen PC zu bedienen, stellt für sie ein Leichtes dar. Indigokinder haben außergewöhnlich viele Fähigkeiten. Sie können sich untereinander telepathisch verständigen, sind in der Lage, Heilenergie zu erzeugen, tragen eine enorm ausgeprägte Kreativität in sich, sind sehr feinfühig und mehr. Sie sind offen, ehrlich und sehr direkt und sagen, was sie denken. Sie mögen es gar nicht, belogen zu werden und durchblicken sofort, wenn sie angelogen werden. Sie sind liebevolle und hilfsbereite Menschen, welche eine sehr beeindruckende Ausstrahlung haben und mit ihren Augen können sie einen fast förmlich in ihren Bann ziehen. Leider werden Indigokinder oft in unserer Gesellschaft als hyperaktiv oder gar lernbehindert degradiert. Meist wird dann das Aufmerksamkeitsdefizit-Syndrom diagnostiziert. Im schlimmsten Fall wird ihnen dann Ritalin gegeben, um sie damit regelrecht ruhig zu stellen. Die Aufgabe der Indigokinder besteht größtenteils darin, alte Systeme und nicht mehr funktionierende Wahrheiten zu durchbrechen und die Welt in neue, positive Bahnen zu lenken. Indigos haben eine tiefblaue, eben wie der Begriff schon, sagt ›Indigofarbene Aura‹ Anders hingegen ist es bei den Kristallkindern, wozu meine kleine Anastasia ebenfalls zählt, und ich dies tagtäglich miterleben darf. Diese Kinder haben eine traumhaft schöne, bunte Aura, und zwar in den schönsten, unterschiedlich schillernden Farben. Ein Kristallkind ist immer besonders gut und schnell an seinen großen, glitzernden Augen und seinem heilenden Blick zu erkennen. Sie besitzen eine enorme Anziehungskraft und sind sehr sensible, liebevolle, zärtliche, sensitive sowie mitfühlende Wesen. Sie sind alles anderes als nachtragend und verzeihen sehr schnell. Ebenso besitzen sie eine sehr große Liebe zur Natur und den Tieren. Kristallkinder verfügen zudem, wie die Indigokinder, über heilende Fähigkeiten und sind künstlerisch hochbegabt. Musik und Klang sind für sie ganz besonders wichtig, denn sie sind musikalisch sehr talentiert. Darüber hinaus bringen sie Erinnerungen aus früheren Leben mit und haben einen sehr intensiven Zugang zum Göttlichen. Meist fangen sie erst später an, richtig zu sprechen, da sie zuvor mehr über Augenkontakt und Telepathie kommunizieren. Sie vermitteln mit ihren Augen tiefes Verständnis, heilsame Liebe und öffnen die Herzen der Menschen. Diese kleinen Wesen stehen überall im Mittelpunkt, auch wenn sie nicht sprechen. Ihrem Gegenüber treten sie zuerst meist eher skeptisch gegenüber und scannen sie erst einmal genau durch, welche Absichten die Person hat, wo noch alte Muster sind und woran der Einzelne noch zu arbeiten hat. Daraufhin entscheidet ein Kristallkind, wie es weiter vorgeht und wie nahe es den oder diejenige an sich heranlassen will. All diese Dinge kann ich tagtäglich an meiner Tochter mehr als gut beobachten. Was ich auch immer sehr faszinierend finde ist, dass kurz bevor das Telefon klingelt, sie schon zu mir sagt, dass das Telefon gleich klingeln würde und wer dran werden sein würde. Kaum spricht sie dies dann aus, klingelt auch schon tatsächlich das Telefon und die entsprechende Person ist auch dran. Sie kann auch feststellen, wenn bei einer Person irgendetwas nicht stimmt. Sie sieht es und informiert uns sofort. Da kann ich mich noch an eine Situation vor einem guten Jahr erinnern, mit einem Partner einer guten Freundin von mir. Anastasia sagte von Anfang an, sie würde ihn nicht mögen. Das machte mich immer stutzig und ich wurde besonders hellhörig. Und tatsächlich sollte es genau mit diesem Menschen einige Zeit lang einen ziemlich heftigen Eklat in der Familie geben und es bestätigte sich, dass dieser Mann alles andere als korrekt war. Anastasia hatte ihn von Anbeginn weg richtig durchschaut und uns nicht umsonst vor ihm gewarnt. Ich hatte zu dieser Zeit anfangs weniger ein Auge darauf gehabt, da es ja der neue Partner meiner Freundin war und ich ihn als ihren Freund ebenfalls herzlich aufgenommen hatte, wobei auch ich ehrlich zugeben muss, dass meine Sympathie ihm gegenüber nicht sonderlich groß und eher mit Zurückhaltung bedacht war, besonders auch, weil meine Kleine immer einen Bogen um ihn machte und ich ihr und mein Gefühl ernst nahm. So wartete ich ab, was die Zukunft bringen würde und unser Gefühl sollte sich bewahrheiten. Die meisten Kristallkinder unserer Zeit sind übrigens Reinkarnationen vom Planeten Sirius. Ich war vor einigen Jahren bei einem sehr fähigen Medium, welches Zugriff auf die Akasha-Chronik hat. Sie konnte mir viele, noch offene Fragen beantworten, die zu diesem Zeitpunkt sehr wichtig für mich waren bzw. wollte ich auch eine Bestätigung dazu erhalten. Vieles davon war mir schon weit vor der Zeit bewusst, da ich immer wieder Bilder aus früheren Inkarnationen meinerseits oder aber auch von anderen Menschen bekommen hatte, zudem ich auch (wie ich in den vergangenen Kapiteln bereits darauf eingegangen bin) alte Sterbesequenzen durchlebt hatte. Die Frau, bei welcher ich war, wusste zuvor nichts aus meinem Leben. Bevor ich sie aufsuchte, schrieb ich mir zu Hause eine längere Liste an Fragen auf und hielt dann, als ich bei ihr war, diesen Zettel zusammengefaltet in meinen Händen. Als sie begann, in Trance zu gehen, sagte sie mir so unendlich vieles. Die Fragen, welche ich zuvor aufgeschrieben hatte, wurden alle, ohne die Fragen während der Sitzung zu stellen, beantwortet. Dazu bekam ich selbst zeitgleich innere geistige Bilder und ich war teilweise in dem Moment zeitversetzt mit im Geschehen dabei. Alles war so selbstverständlich und noch viel klarer zu erkennen als zuvor. In dem Augenblick erkannte ich bestimmte Zusammenhänge noch viel besser. Es ergab alles noch viel mehr Sinn, und der Kreis begann sich zu schließen. Das Mosaik ergab endlich ein komplettes Bild. Zudem sollte an diesem Tag sozusagen eine Art Einweihung stattfinden und ich würde noch intensiver mit den höheren Kräften verbunden werden. Das Medium sah das Wesen, welches an meiner Seite wirkte und bat es, mir in bestimmten Lebenslagen verstärkt geistige Unterstützung zu geben und auch weiterhin zu geben. Sie erklärte mir, dass ich bereits eine der größten Aufgaben, die ich mir für dieses Leben gestellt hatte, erledigt hätte und ich eine sehr, sehr alte und weise Seele wäre, eine Seele, die schon X Inkarnationen sowohl auf Erden als auch auf anderen Planeten vor der Zeit in anderen Dimensionen hatte. Sie wusste von meiner großen Liebe zu den Farben Blau, dem Meer, Delfinen und der Natur. Ich brauchte ihr nichts von mir oder meiner Vergangenheit erzählen, sie wusste einfach alles. Ich erfuhr bei ihr, was ich schon zuvor gewusst hatte, nämlich, dass meine Tochter und ich uns aus einer früheren, ganz speziellen Inkarnation kannten und damals die besten Freundinnen waren. Sie hatte ganz bewusst den Weg wieder zu mir gewählt, um hier an meiner Seite ihr Licht auf Erden als Kristallkind wieder zum Leuchten zu bringen, so, wie viele andere Lichtkinder dieser Neuen und ganz besonderen Zeit. Sie haben die Fähigkeiten, mit ihrer allumfassenden Liebe zum Ganzen auf unserer Erde die Zukunft besser zu gestalten. Daher ist es ganz besonders wichtig, ihnen so viel Zeit, Liebe, Aufmerksamkeit und Verständnis wie möglich zu widmen. Sie sind unsere Zukunft und so, wie jedes Geschöpf auf Erden, etwas ganz Besonderes! Manchmal muss ich schmunzeln, wenn meine Kleine zu mir kommt, mich anguckt und sagt: »Mama, ich pass auf dich auf!« Obwohl ich ihre Mutter bin, macht sie mir oft unmissverständlich klar, dass sie auf mich achtet und sich sorgt. Das ist schon sehr faszinierend, wie sie selbst die Dinge betrachtet und angeht. Trotzdem respektiert sie, wenn ich sie auch einmal liebevoll in die Schranken weise. Natürlich versucht, sie wie jedes andere Kind, ihre Grenzen auszuprobieren. Allerdings ist sie dabei trotzdem ein sehr herzliches Kind, welchem man nicht lange böse sein kann, wenn sie frech ist. Sie braucht einen bloß anschauen mit ihren großen, strahlenden Augen und alles ist vergeben und vergessen. Es ist ein wunderbares Geschenk, ein Leben mit einem kleinen Kristallkind an seiner Seite zu führen. Ich bin jeden Tag unendlich dankbar für die traumhaft schöne Zeit mit ihr und den Dingen, die ich immerfort durch sie und mit ihr zusammen lerne.

An dem Tag ihrer Taufe.

Dieser schelmische Blick von ihr, einfach zu süß.

KAPITEL 17
Außergewöhnliche Begegnung

Wenige Jahre vor meiner Ehe machte ich eine für mich persönlich bedeutsamste und wichtigste Begegnung meines Lebens. Diese hat mich zutiefst geprägt und die Erlebnisse, welche dadurch zustande kamen, werde ich niemals vergessen können, geschweige denn, sie vergessen wollen. Es war eine der wundervollsten und lehrreichsten Begegnungen meines Lebens, die ich keinesfalls missen wollen würde. Wie ich diesem wundervollen Wesen begegnete, möchte ich an dieser Stelle gerne für mich behalten. Wichtig sind viel mehr die Begebenheiten und Lehren, die ich daraus zog. An dieser Stelle werde ich nicht den reellen Namen der Person verwenden, sondern habe mich nur für einen Buchstaben entschieden, der für das Wesen, welches männlicher Natur ist, zählt. Ich vergesse nie, als ich ihn das erste Mal von Weitem sah. Seine Aura hatte so enorm gestrahlt, das war unglaublich. Ich war schon vielen besonderen Wesen begegnet, aber er war ganz anders als die anderen zuvor. Es war für mich von Anbeginn so, als wäre er nicht von dieser Welt. Etwas ganz Eigenes! Etwas Einzigartiges! Als er damals auf mich zukam, meinte er zu mir, dass ich ein reines Herz hätte und eine sehr ehrliche und liebevolle Energie ausstrahlte. Ich war so durcheinander und zugleich tief berührt von seinen Worten. Es kam mir vor, als würde er mein ganzes Wesen komplett durchscannen und wüsste einfach alles von mir. Ich fand es wunderschön und ließ es zu. Wir lernten uns freundschaftlich immer besser kennen. Viele Fragen, die noch offen waren, klärten sich durch ihn. Er erklärte mir viele weitere kosmische Zusammenhänge, welche ich zuvor zwar schon größtenteils durch EL und andere Erlebnisse kannte, jedoch konnte mir A es noch Einiges mehr näherbringen. Mir war von jeher, seit ich bewusst denken kann, klar, dass es außer uns Menschen noch weitere Lebensformen und Wesen auf anderen Planeten und Universen geben müsste. Denn alles ist eins! Energien sind universell und unendlich. Durch A habe ich über die Jahre Dinge erleben und erfahren dürfen, die meine Einstellung diesbezüglich noch viel mehr gefestigt haben. Es hat für mich nichts mit Glauben und dergleichen zu tun. Ich bin viel mehr fest davon überzeugt, dass es Wesen von anderen Planeten gibt und sie auch mit uns ständig in irgendeiner Form verbunden sind. A selbst hatte schon seit seiner Kindheit ständige Kontakte zu derlei Energien. Anfangs, das gebe ich offen zu, hatte ich auch so meine Probleme, dies für mich anzuerkennen, obwohl mein tiefstes Innerstes spürte, dass A keine Märchen erzählen würde. Doch mein menschlicher Verstand sprach zu Beginn andere Worte. Der rationale Verstand wollte trotz aller Erlebnisse, die ich von Kindesbeinen an machte, dagegensprechen. Es war so abgefahren, dass ich es manchmal fast gar nicht glauben wollte, wobei ich es jedoch nie belächelt habe, wie es leider meist viele Menschen tun würden. Sie tun es als Science-Fiction ab oder als irgendwelche Hirngespinste, die sich Menschen zusammenwürfeln. Jedoch gab es schon seit X Jahrhunderten Ufo Sichtungen, wenn man mal zurückblickt und sich ernsthaft mit der Thematik auseinandersetzt. Ich könnte alleine nur zu diesem Thema locker ein Buch schreiben. Gerade heute, wo wir fortgeschrittener in unserer Zeit sind und die Medien total miteinander vernetzt sind, geht es viel schneller, dass Sichtungen öffentlich gemacht werden können. Natürlich gibt es auch leider sehr viele Fakes und Scharlatanerie. Dabei handelt es sich oft um Menschen, die sich einfach nur wichtigmachen, oder absichtlich die Thematik durch den Dreck ziehen wollen, um sie schlecht zu machen. Jedoch gehört A keinesfalls zu dieser Personengruppe. Ich durfte ihn über die Jahre mehr als gut kennenlernen und kann getrost sagen, dass er kein Wichtigtuer oder gar Scharlatan ist. Er hat sich bis heute nie an die Öffentlichkeit mit seiner Person begeben, arbeitet jedoch sehr viel daran, dass stückweise die Menschen sich der Thematik ›Außerirdische‹ öffnen und auch diese Möglichkeit in Betracht ziehen. Er macht vor allem sehr viel im energetischen Bereich und sorgt dafür, dass die Energien auf der Erde stetig angehoben und gereinigt werden. Er reist durch die Welt und bildet spezielle Meditationsgruppen, zusammen mit Menschen, die von überall her anreisen und gemeinsam als Lichtarbeiter für die Erde und den Kosmos agieren. Man kann sich gar nicht wirklich vorstellen, wenn man es nicht selbst einmal live miterlebt hat, was in solchen Momenten alles vonstattengeht. Ich kann es deswegen so genau beurteilen und kundgeben, da ich selbst einmal bei einer solchen Weltmeditation dabei sein durfte. Was ich dort alles miterlebt habe, war einfach traumhaft und ich werde später näher darüber erzählen. Zuvor möchte ich noch ein wenig mehr über die Erlebnisse mit A berichten. Ich kann mich noch zu gut an eine kleine Reise erinnern, die ich mit ihm zwei Tage machen sollte. Es war schon alles geplant und gebucht. Mein Gefühl sagte mir wenige Zeit zuvor, dass ich zu diesem Moment krank werden würde. Das wollte ich aber keinesfalls wahrhaben und ließ mich geistig nicht weiter auf dieses Gefühl ein. So wachte ich am Morgen, kurz, bevor es losgehen sollte, auf – und was war? Ja, ganz genau ... Ich war krank, aber wie! Ich fühlte mich schrecklich, mein ganzer Körper tat mir weh. Halsschmerzen, Schnupfen, das volle Programm eben. »So, was nun?«, fragte ich mich völlig deprimiert. Es wäre eine lange Zugfahrt vor uns gewesen und ich wusste genau, dass ich diese nicht überstehen würde, und ich es höchstens noch schlimmer damit gemacht hätte, wenn ich trotzdem gefahren wäre. Ich überlegte hin und her, da ich doch schließlich unbedingt diese Fahrt mit A antreten wollte. Es war unendlich wichtig für mich. So ging ich, trotz aller negativen Gedanken, die versuchten, sich in mir breit zu machen, das Risiko ein, noch schwerer krank zu werden und machte mich auf den Weg zum Bahnhof. Wir trafen uns damals am vereinbarten Ort und er sah schon von Weitem, dass es mir nicht gut ging. Meine Aura war bestimmt auch entsprechend schlecht. So gingen wir, bevor es losging noch kurz zu einem Drogeriemarkt und holten noch ein paar Kleinigkeiten für mich. Als wir dann endlich im Zug saßen und es mir deutlich schlechter ging, meinte er, ich sollte mich nun nicht wundern, wenn mir gleich ziemlich heiß würde, aber er würde mich jetzt energetisch heilen. Ich war in dem Moment gar nicht groß in der Lage, irgendwie sichtlich erfreut zu reagieren, da es mir wirklich zu mies ging, um noch irgendwem zu folgen. Am liebsten wollte ich in diesem Moment nur noch nach Hause in mein Bett und bereute die Entscheidung, die Reise angetreten zu sein. So saß ich nun zusammengekauert und völlig zerknirscht auf meinem Platz, während er die Augen schloss und seine Energien auf mich konzentrierte, ohne mich dabei auch nur anzufassen. Plötzlich wusste ich gar nicht mehr, wie mir geschah. Es begann sich wahnsinnig starke Hitze in mir breit zu machen. Ich fing schlagartig richtig stark an zu schwitzen und eine merkwürdige Kühle überkam mich ebenfalls kurzzeitig. Das war ein sehr seltsames Gefühl, mir jedoch auch irgendwie durch die Heilerfolge bei EL bekannt, als ich noch jünger gewesen war. Man konnte diese Energie definitiv vergleichen. Der Ablauf war sehr ähnlich und vertraut, und doch wieder etwas anders. Es war wie auf einem anderen energetischen Level, um es mal so zum Ausdruck zu bringen. Es dauerte nur wenige Minuten und meine Atemwege machten sich plötzlich wieder komplett auf. Ich konnte wieder richtig tief durch die Nase durchatmen! Das war ein wunderbares Gefühl! Ich schaute zu ihm rüber und er machte in dem Moment die Augen auf. Ich lächelte ihn groß und breit an und bedankte mich von ganzem Herzen bei ihm. In diesem Augenblick war mir völlig bewusst, dass seine Energie bereits gewirkt hatte und der Heilungsprozess in vollem Gange war. Ich spürte, wie sich die reinigende Energie in meinem Körper verteilte. Dann wurde ich müde. Als wir später am Zielort ankamen, machten wir uns auf dem Weg zum Hotel. Dort legte ich mich sogleich hin, um eine Stunde zu schlafen. Aus dieser einen Stunde wurden jedoch mehrere und als ich aufwachte, war mir in diesem Moment furchtbar schlecht. Ich lief sogleich aufs Klo und erleichterte mich dort. Danach fühlte ich mich ungewöhnlich leicht und frei. Ich schluckte, um zu sehen, wie stark der Halsschmerz sei. Ich konnte jedoch beim Schlucken keine Schmerzen mehr feststellen und auch die Nase war völlig frei. Ich verließ das Bad und ging zu A. Er lächelte mich an und meinte, ich hatte einen ausgiebigen Heilschlaf nach seiner Energiearbeit bei mir gehabt und mein Körper wäre nun im Gesundungsprozess. So fühlte ich mich auch! Es gab kaum noch eine Spur von einer Grippe oder dergleichen. Es ging mir außerordentlich gut und am selben Abend machten wir uns noch auf den Weg nach draußen. Wir konnten an beide Tagen alles problemlos erledigen, was wir geplant hatten, und es fehlte mir an nichts. Auch, als ich heimkam, gab es keinen Rückfall oder gar eine Verschlechterung. Es war, als wäre ich nie krank gewesen. Es war ähnlich wie bei ELs Energien damals. Wow! Es war einfach fantastisch und unvergesslich, wobei ich noch viele solche Erlebnisse haben durfte, nur in anderer Art. Jedes für sich war einzigartig und wundervoll. Es hat nichts mit Glauben zu tun. Um es mit seinen Worten zu sagen: »Glauben heißt im Prinzip, nicht wissen«. Wissen kommt aus Erfahrung. Um die Erfahrung zu machen, sollte man zum eigenen Pionier werden, zum Entdecker. Und da gebe ich ihm zu 100 % Recht, denn all die Dinge, von denen ich erzähle, haben für mich rein gar nichts mit Glauben zu tun. Ich habe die Dinge selbst erlebt, einige davon auch mit Zeugen. So durfte ich selbst die Erfahrung sammeln und zum eigenen Entdecker werden. Ich kann aus Überzeugung davon sprechen, denn ich habe das alles ja selbst erlebt. Ich würde es auch keinem verdenken können, wenn er an all das nicht glauben könnte, denn wie schon gesagt ... Glauben heißt im Prinzip ›nicht wissen‹! Menschen, die selbst schon ähnliches erlebt haben, können mich natürlich viel besser verstehen, da sie schon damit in Berührung kamen. Letztlich steht es jedem in seiner eigenen freien Entscheidung zu, was er aus Informationen, die ihm zugetragen werden, macht. Auch liegt es in meiner persönlichen Entscheidung, was ich aus dem kreiere, das ich von A über die Jahre lernte. So begegnete ich, zusammen mit ihm, noch vielen weiteren, sehr spirituellen Menschen auf dieser Welt. Ich kann mich da noch gut an das Medium erinnern, von dem ich zuvor schon kurz berichtet hatte. Die Dame, welche den Einblick in die Akasha-Chronik hat. Einfach eine wundervolle Frau! Sie sah es sofort, als wir ihr Haus betraten und meinte damals zu uns, sie wäre mehr als erfreut über diesen hohen Besuch. Sie wusste sogleich seine Aufgaben hier auf Erden und ich bräuchte ihr nichts über ihn erzählen. Es wunderte mich auch nicht, dass sie das sehen konnte, denn jeder, der nur etwas spirituell aufgeschlossen war, konnte seine Aura zumindest wahrnehmen. Er ist ein sehr aufrichtiges und ehrliches Wesen, das unglaublich viel für die Erde und ihre Bewohner tut. Ich bin ihm für alles mehr als dankbar, denn er hat mich viel gelehrt und mir vieles beigebracht. Er begleitete mich durch einen wichtigen Teil meines Lebens als guter Freund und erweiterte meinen Horizont noch mehr. Das Lernen als solches endet sowieso nie – ganz im Gegenteil. Die Unendlichkeit des Seins währt immer fort. Zu Zeiten meiner Ehe hielt ich natürlich auch weiterhin den Kontakt zu A, da dieser mir immer unendlich wichtig war. Man sah sich zwar nicht so oft, aber doch war es, sobald man sich begegnete, wundervoll. Was mir immer auffiel, war, dass ich in seiner Gegenwart immer die nötige energetische Ausgeglichenheit fand, die ich sonst im Alltag nur schwer bekam. Bedingt durch meine schwierige Ehe, die viel an meinen Kräften zehrte, war es dann immer reinste Erholung, mit ihm Zeit verbringen zu können. Eines Tages lud er mich auf eine seiner Meditationsreisen ein, die er leitete. Es sollten sich dort mehrere Menschen zusammenfinden, welche von den verschiedensten Plätzen der Erde anreisten. So begleitete ich ihn zusammen mit einem guten Freund und ehemaligen Nachbarn von Teneriffa. Schon als wir hinflogen, durfte auch mein guter Freund Bernhard erleben, wie intensiv A's Energien doch waren. Auch er hatte so etwas zuvor noch nie erleben dürfen. Wir kamen also alle zusammen in England an und bereiteten uns auf die kommende Weltmeditation vor. Schon vor Ort wurden wir aufs Herzlichste begrüßt und man erwartete A mit großen Freuden. An den darauffolgenden Tagen sollten wir dann Dinge erleben, die den normalen alltäglichen Rahmen völlig sprengten. Es gab einige Momente, bei denen selbst ich dachte, dass alles entweder nur zu träumen oder mich in einem schlechten Sci-Fi Film zu befinden. Es brauchte einige Zeit, selbst nach der Reise, um die Erlebnisse, welche ich dort und auch danach noch machte, anzuerkennen und sie nicht als Hirngespinst oder dergleichen abzutun. Begonnen hat es schon im ersten Steinkreis. A reinigte uns alle während der Meditation und schickte jeder einzelnen Person Energie in den Körper. Als er hinter mir stand und gleiches bei mir tat, dachte ich in dem Moment, mich würde es zerreißen. Alles kam mir plötzlich hoch wie ein Schwall, alte Gefühle der Trauer und des Schmerzes, aber auch der Freude. Alles auf einmal! Ich bekam einen wahnsinnig heftigen Heulkrampf. Altes löste sich, wohl auch vieles aus früheren Inkarnationen. Es beutelte mich richtig und ich konnte gar nicht mehr aufhören zu weinen. Zeitgleich spürte ich diese enorme Kraft der Liebe und des Lichts, welche mich durchflutete und reinigte. Ich glaube, aus der Runde, die wir waren, hatte es mich wohl am meisten energetisch durch die Mangel genommen. Doch es war eine unglaubliche Befreiung und mir wurde erstmals so richtig bewusst, wie viel energetischer Müll sich in mir aufgesammelt hatte. Ich hatte ja zuvor schon viele Meditationen miterlebt und auch alleine gemacht, jedoch war keine mit dieser vergleichbar. Er bereitete uns an diesem Tag erstmalig auf die kommenden Tage energetisch vor. Zwei Personen aus der Gruppe hielten damals die Energien leider überhaupt nicht aus, sie hatten viele unbearbeitete karmische Prozesse am Laufen und waren umgeben von negativer Energie. Diese machte es für die beiden Personen schier unmöglich, die hohen Frequenzen der Lichtenergie, in welcher wir uns befanden, auszuhalten. So haben sie schon nach kurzer Zeit versucht, Unruhe in der Gruppe zu verbreiten und negative Energien zu schüren, was ihnen jedoch in keiner Weise gelang und sie sich somit letzten Endes aus der Gruppe distanzierten. Was mir über die Jahre immer wieder begegnete, waren Menschen, die meinten, spirituell zu sein, jedoch dann, wenn sie einmal wirklich mit echten kosmischen Energien konfrontiert wurden, sie regelrecht aggressiv wurden und damit gar nicht zurechtkamen. Das unterscheidet eben das Esoterische vom Spirituellen. A tut alles, was er macht, aus freien Stücken und verlangt für seine Meditationen keinerlei Geld. Für die Anreise und Unterkunft sorgte jeder selbst, ansonsten wurde bei den Fahrten das Geld zusammengelegt, und A leitete die Fahrten sowie die Meditationen. Die verschiedensten bekannten wie auch unbekannten Energieplätze suchten wir auf. Die jeweiligen Punkte, bei denen wir uns aufhielten, verstärkten wir durch unsere Meditationen natürlich mit Energie. So sollte es schon am zweiten Tag der Reise passieren, dass wir immer nach kurzer Zeit, als wir zu meditieren begannen, ›Besuch‹ bekamen. Es dauerte meist keine Stunde, da flog immer genau ein schwarzer Militärhelikopter über uns. Anfangs dachte ich noch, das könnte auch ein Zufall sein, da in England ja das Militär gut vertreten war und ist. Es wurde jedoch nach einiger Zeit schon mehr als makaber, da diese Helikopter wirklich kontinuierlich genau da waren, wo wir auch waren. Teilweise flogen sie sehr tief und zogen mehrfache Kreise um uns herum. A erklärte uns damals, dass er das oft erlebte, dass, wo er war und Meditationen hielt, es meist nicht lange auf sich warten ließ, bis ein Militärhelikopter erscheint. Später erfuhr ich von einem Bekannten, der eine hohe Persönlichkeit des Militärs kennt, dass (wie uns auch schon A erklärte) sie über Geräte verfügen würden, welche ungewöhnlich hohe Energievorkommnisse orten könnten. Falls dann etwas Derartiges plötzlich stattfindet, würde so etwas aus Sicherheitsgründen überwacht werden, damit man herausfindet, was da genau vonstattengeht. Ich kann natürlich nicht sicher sagen, ob diese Angaben stimmen, da ich das auch nicht beweisen konnte. Jedoch halte ich es (allein schon aufgrund der Erlebnisse welche ich damals machte) durchaus nicht für ausgeschlossen. Am dritten Tag, es war ein Mittwoch, sollten wir dann das Highlight der ganzen Woche erleben. Wie zuvor erwähnt, war die ganze Woche der Himmel total mit Wolken bedeckt und teilweise richtig unangenehm kühl und regnerisch. Auch an diesem Mittwochmorgen war das Wetter nicht gleich zu Beginn das Beste. Schon am Morgen meinte A zu mir und Bernhard, dass es heute so weit sei und wir möglicherweise eine Sichtung machen würden. Zuerst war ich innerlich etwas skeptisch und wollte es nicht so recht glauben. Obwohl ich ihm nicht misstraute oder so, war es irgendwie komisch, dies für mich als wahr zu erachten. So dachte ich einfach nur, mich überraschen zu lassen, was der Tag wohl so bringen mag. Und tatsächlich sollten ich und alle anderen aus der Gruppe, ein tragendes Erlebnis haben, was unser Leben für immer verändert und enorm geprägt hat.

KAPITEL 18

Ufo Sichtungen

Diesen Tag habe ich nur zu gut in meiner Erinnerung. Wie so ziemlich alles in meinem Leben, ist es noch mehr als präsent in meinem Gedächtnis.

Wir waren also, so wie auch an den anderen Tagen zuvor, an verschiedenen Energieplätzen und meditierten dort. Am Abend besuchten wir dann zu guter Letzt nochmals einen der Kornkreise, welchen wir an diesem Tag zuvor schon einmal besichtigt hatten. An diesem Tag begann sich nachmittags der Himmel komplett aufzuklären. Alle Wolken verschwanden Stück für Stück. So sollten wir tatsächlich am Abend eine völlig sternenklare Nacht bekommen. Da standen wir also als Gruppe von ca. 20 Leuten vorm Kornkreis. Während einige von uns nach Taschenlampen suchten, schaute ich derweil gespannt zum Himmel und beobachtete die Sterne. Plötzlich sah ich ein sternenartiges, kleines Licht am Himmel, wie es immer größer und heller wurde. Es sah so aus, als würde es genau auf mich zukommen. Ich erstarrte innerlich regelrecht. So etwas hatte ich zuvor noch nie gesehen! Denn auch in der Vergangenheit schaute ich oft täglich nachts stundenlang zum Himmel hoch und beobachtete den Mond und die Sterne. Sie hatten schon von jeher, eine sehr starke Faszination auf mich ausgeübt. Jedoch, was ich an diesem Abend erblickte, hatte ich wirklich noch nie zuvor in meinem

Leben gesehen. Das Gefühl in diesem Moment war unbeschreiblich! Ich hatte das Gefühl, dass dieses Licht, welches ich dort am Himmel sah, in diesem Augenblick ganz allein nur für mich bestimmt war. Doch wollte ich die anderen darauf aufmerksam machen. Ich wollte laut rufen, dass sie doch nach oben schauen sollten, doch ich konnte nicht. Es war mir in diesem Moment partout nicht möglich, mich auch nur zu bewegen. Ich war praktisch wie erstarrt. Mein Mund war förmlich wie zugeklebt, obwohl ich mich unbedingt in diesem Moment mitteilen wollte. Als das Licht plötzlich verschwunden war, war es mir auch wieder möglich, mich zu bewegen. So sprudelte es ganz laut aus meinem Mund: »Habt ihr das auch gerade gesehen?« Und zeigte mit meinem Zeigefinger aufgeregt zu der Stelle am Himmel, wo ich es zuvor erblickt hatte. Alle schauten mich mit großen Augen komisch an und schon im selbigen Moment kam ich mir schrecklich blöd vor. Ich dachte mir, sie würden mich jetzt bestimmt für total blöde halten. Es war mir fast schon etwas peinlich und am liebsten wäre es mir gewesen, nichts gesagt zu haben. Die anderen fragten mich dann, was ich gerade gemeint hätte und sie hätten nichts gesehen. Umso blöder wurde die Situation für mich. Ich guckte A Hilfe suchend an und hoffte, dass wenigstens er etwas gesehen hatte. Jedoch hatte auch er in diesem Moment nicht oben gesehen. Allerdings blickte er mich liebevoll an und meinte, sie seien wohl schon für einen kurzen Bruchteil einer Sekunde sichtbar gewesen.. Ich wusste ich nicht mehr, ob das jetzt bloß ein schlechter Scherz von ihm gewesen war und er mich nun veralbern wollte. Doch ich sah den überzeugten Ausdruck in seinen Augen vor mir und wusste, er scherzte nicht. So erwiderte ich dann aufgeregt zu ihm: »Da war was, A, ich schwöre dir, ich habe da ein helles Licht gesehen. Ich glaube es war ein Ufo!« So blöd ich mir einerseits vorkam, das so auszusprechen, aber ich hatte mir dies nun mal nicht eingebildet. Ich spürte, dass es nichts von dieser Welt war. Sternschnuppen und diese Dinge hatte ich schon zur Genüge in meinem Leben gesehen. Das kannte ich alles nur zu gut und wusste es sehr gut zu unterscheiden. So versuchte ich trotzdem, mich wieder zu beruhigen und wir schritten als Gruppe durch die Felder und in den Kornkreis hinein. Wir setzten uns in der Mitte als Gruppe im Kreis zusammen und A begann, die Meditation zu leiten. Als wir fertig waren mit dem Meditieren, verweilten wir weiter in unseren Sitzpositionen und blickten gemeinsam zum sternenklaren Himmel hinauf. Ich musste immer noch über das Licht nachdenken, da es mir nicht mehr aus dem Kopf ging. Wie ich so in meinen Gedanken vertieft war, ging es plötzlich los. Überall am Nachthimmel erschienen zahlreiche Lichter. Mal schnell, mal langsam, schossen sie umher. Links, rechts, zickzack und in Schlangenlinien. Es war einfach gigantisch, was wir dort oben zu sehen bekamen. A nahm seine Kamera und filmte alles mit. Es waren keine Sternschnuppen, Satelliten oder Flugzeuge, die dort am Himmel umherflogen. Was sich uns dort bot, war schier unglaublich und unbeschreiblich schön! Ein absolut einmaliges, ein wundervolles Gefühl! Es war viel Liebe, die uns alle in diesem Moment umgab. Das war einfach unglaublich und traumhaft! Man fühlte in diesem zeitlosen Augenblick die Verbindung zueinander, die Zusammengehörigkeit zwischen den Energien und die unendliche Verbundenheit, in der Gesamtheit zum kosmischen Zentralbewusstsein (Gott). Mein ganzer Körper kribbelte und vibrierte. Wir alle waren zutiefst von dieser unendlichen, tiefen und bedingungslosen Liebe berührt, die uns umgab. Ich kann keine genaue Zeit mehr sagen, jedoch dürfte es ca. eine geschätzte Stunde später gewesen sein, als wir noch immer die fliegenden Lichter, die um uns am Himmel schwirrten, besahen. Da kam urplötzlich ein schwarzer, Militärhelikopter angeflogen. Schlagartig waren die Lichter am Himmel nicht mehr zu sehen, als wären sie nie dagewesen. Der Helikopter flog eine Zeit lang um den Bereich herum und verschwand sehr schnell wieder. Es war ein mehr als grauenvolles, dumpfes Gefühl, welches der Helikopter in uns auslöste. Etwas wollte uns dort scheinbar ganz bewusst stören! Was auch immer es damals gewesen war, es war äußerst unangenehm und so begaben wir uns zurück zu den Autos. Als ich beim Auto ankam und wir zurück zum Hotel fuhren, überkam mich ein enormer Schwall von Tränen. Ich hatte so etwas dieser Art bisher noch nie erlebt. Ich war überschüttet und erfüllt von unendlich viel Liebe. Ich wusste gar nicht mehr wohin mit diesen Gefühlen. Sie waren so unfassbar enorm und intensiv! Am liebsten hätte ich die ganze Welt umarmt und diese Liebe, die mir zuteilwurde, mit jedem Lebewesen auf diesem

Planeten geteilt. Wäre in diesem Moment der grausamste Mensch vor mir gestanden, hätte ich ihn ganz fest umarmt und ihn bedingungslos geliebt. Es gab in diesem Augenblick für mich nichts Schlechtes mehr auf dieser Welt. Alles war Liebe! Alles war eins! Dieses Gefühl, das mich damals umgab, begleitet mich noch heute. Es hat sich zutiefst in meinem ganzen Bewusstsein und Sein abgespeichert. Mir ist seither mehr denn je klar, wie sehr wir doch alle wie ein Netzwerk miteinander verbunden sind. Ich wünsche es jedem Menschen auf dieser Welt, einmal dieses Gefühl der wahren Liebe zu erleben. Meist meint man, es zu kennen und geht mit dem Wort ›Liebe‹ oftmals sehr leichtfertig um. Damals, bevor ich diese Begegnung hatte, kannte ich es auch noch nicht anders. Jedoch weiß ich seither, dass die wirkliche Liebe eine andere ist, als die, welche wir meist zu kennen meinen. Ich bin jeden Tag unsagbar dankbar für dieses Erlebnis, welches mir und auch den anderen zuteilwerden durfte! Von dieser Nacht, waren wir alle sehr ergriffen und sprachen noch die darauffolgenden Tage darüber. Als ich dann zurück in Deutschland ankam, war alles plötzlich wieder ganz anders. Mein Bewusstsein war wieder ein Stück erweitert und ich fühlte mich wie neugeboren. Im Grunde schwer zu erklären, doch versuche ich mein möglichstes, es dir, lieber Leser, näher zu bringen. Ich strahlte also total, als wir am Flughafen ankamen. Meine Eltern holten mich ab und meinten, ich würde unfassbar glücklich aussehen. Meine Ausstrahlung wäre der Wahnsinn und sie fragten mich, was ich wohl erlebt hätte, dass ich so strahlen würde. Zuhause erzählte ich dann stundenlang wie ein Wasserfall. Mein Vater konnte mit diesen Infos (Ufos etc.) nun gar nichts anfangen. Jedoch der Rest der Familie war nicht verwundert, da in meinem Leben sowieso ständig Dinge passierten, die teilweise unglaublich für viele waren. Mein Ex-Mann hörte mir damals gespannt zu, kannte mich aber kaum wieder und meinte, er wüsste nicht, was er von solchen Dingen halten sollte. Er glaube mir zwar, da ihn bei mir eh nichts mehr verwunderte, aber trotzdem konnte er mit solchen Dingen nichts anfangen. Ich verstand sie alle sehr gut, aber ich bin nun mal ein ehrlicher und offener Mensch und teile alles mit jedem. Es ist mir dabei völlig egal, was andere damit anfangen können oder auch nicht. Das bleibt jedem selbst überlassen. Ich weiß, was ich damals erlebt hatte. Es war keine Einbildung oder ist gar aus einer Fantasie entstanden und es haben viele andere damals auch miterlebt. Jedoch war es auch für mich, als ich länger wieder in Deutschland war, an manchen Tagen, wie ein Traum, den ich gehabt hatte und ich musste erstmals realisieren, dass das wirklich dort passierte. Ich bekam also nachts oft keine Ruhe. So packte ich in lauen Nächten eine Decke und ging hinaus auf eine Wiese, beobachtete wieder den Sternenhimmel und dachte über die Zeit in England und die Erlebnisse, die wir dort gemacht hatten, nach. So erblickte ich tatsächlich wieder eines dieser hellen Lichter. Erst meinte ich, mich vielleicht geirrt zu haben. Möglicherweise war es ein Wunschgedanke, der mir einredete, wieder etwas gesehen zu haben. Jedoch sollte ich nach wenigen Minuten feststellen, dass dem nicht so war. Ich erblickte wieder die Lichter! Es war diesmal in weiterer Distanz. Doch es war dasselbe Gefühl dabei – dieses Gefühl von unendlicher, bedingungsloser Liebe. Wow!! Mir wurde klar, dass da tatsächlich eine Art Band entstanden war. Eine geistige Verbindung zwischen ihnen und mir. Das mag sich jetzt seltsam anhören, aber seit dieser Zeit bin ich überzeugt, dass, wer einmal in Berührung mit diesen Dingen kommt, es immer wieder erleben würde. Genau so, hörte ich später auch von den anderen, welche damals auch in England dabei waren. Auch sie hatte danach weitere Sichtungen. Als mir bewusst wurde, dass ich immer wieder Ufos sehen durfte, begann ich vereinzelt Leute auf meine nächtlichen Touren mitzunehmen. Wir meditierten in kleinen Kreisen und tatsächlich sollten sich jedes Mal kurz danach einige UFOS am Himmel zeigen. Es war zwar nicht vergleichbar mit England, jedoch auch wunderschön und jede Sichtung ein einzigartiges, wundervolles Erlebnis. Sowohl für die Beteiligten als auch für mich selbst. Allerdings haben drei der Sichtungen für mich heute noch den höchsten Stellenwert. Leider konnte ich nur eine davon damals am Fenster mit der Kamera aufnehmen. Diese war dafür umso schöner, wobei ich auch sonst das Glück hatte, kleinere Sichtungen auf Kamera zu bekommen. Von zwei der außergewöhnlichsten Sichtungen, beide mit Zeugen, die wir hatten, möchte ich noch kurz ein wenig detailreicher erzählen. Die erste war zusammen mit einer langjährigen Freundin. Sie sah mit mir zuvor schon einige kleine Lichter am Himmel fliegen, nachdem wir meditiert hatten. Doch an diesem einen Abend war es nach der Meditation mehr als sonderbar. Ich hörte plötzlich einen merkwürdig dumpfen, surrenden Ton. Es kribbelte richtig am ganzen Körper und es war, als vibrierte dieser Ton innerlich. Ich schaute mich um, wo dies herkam, fand es jedoch nicht sofort heraus. Meine Freundin schaute mich fragend an und meinte plötzlich zu mir, ob ich das komische Surren auch höre. Als wir darüber sprachen, kam hinter dem Baum, der vor uns stand, ein großes, weißes Licht auf uns zu. Relativ rasch kam es uns näher und auch der dumpfe Ton wurde intensiver. Wir waren total aufgeregt und meine Freundin packte mich ganz fest und umschlang mich. Sie rief immer wieder: »Tanja, Tanja, siehst du das auch?! Oh mein Gott, das ist unglaublich!!« Wir versuchten, trotz der Aufregung, ruhig sitzen zu bleiben und abzuwarten, was passieren würde, während das Licht uns immer näherkam. Als es über uns war, blieb es plötzlich förmlich am Himmel stehen. Wir konnten es nun in aller Deutlichkeit wahrnehmen. Es war, als wäre alles für den Augenblick zeitlos geworden. Als es über uns stehen blieb, konnte man in dem gleißend weißen Licht den Umriss erkennen. Es war ein dreieckiges, fliegendes Ufo und strahlte durch und durch. Dieser Moment kam uns fast wie eine Ewigkeit vor und doch ging alles viel zu schnell, als das Licht auf einmal begann, sich fortzubewegen. Wir sahen es noch für wenige Sekunden am Himmel, doch dann löste sich es auf, als wäre es nie da gewesen. Meine Freundin und ich hielten uns noch lange Zeit danach in den

Armen und teilten unsere Gefühle, welche uns in diesem Moment durchströmten. Es war unendlich viel Liebe und Dankbarkeit. Sie dankte mir danach noch sehr oft, dass ich sie mitgenommen hatte und sie so etwas Wunderbares mit mir zusammen erleben durfte. Diesen Tag werden wir wohl beide in bester Erinnerung behalten. Die andere Sichtung war allerdings noch eine Stufe intensiver. Besser gesagt, erlebnisreicher! An diesem Spätnachmittag besuchte ich etwas außerhalb eine gute Freundin und ihren Freund. Wir unterhielten uns einige Stunden bei ihr zu Hause und hatten eigentlich vor, danach draußen zu meditieren. Allerdings spielte uns an diesem Abend das Wetter nicht wirklich mit. Es war total bewölkt am Himmel und schien fast so, als könnte es zu regnen beginnen. So meinte sie dann später, es wäre wohl besser, sie würde mich nun mit dem Auto heimbringen. Als wir so draußen standen und schon in Aufbruchsstimmung waren, überkam mich plötzlich das Gefühl, mit ihr doch noch für ein paar Minuten draußen, in ihrem Garten meditieren zu wollen. So organisierte sie uns spontan eine große Decke, wir setzten uns auf die Wiese und meditierten. Irgendwann hörte ich auf zu meditieren, öffnete die Augen und schaute wie gewohnt zum Himmel hinauf. Ich schaute dann zu meiner Freundin, die immer noch in ihrer Meditation verweilte und verhielt mich ganz still. Plötzlich sah ich mehrere (ca. 5 bis 10 Stück), um uns kreisende, große, leuchtende Scheiben am Himmel fliegen. Für einen kurzen Moment, traute ich selbst meinen Augen kaum, was ich da zu sehen bekam. Das war mir völlig neu und total unerwartet, wobei ich mir schon während der Meditation von Herzen gewünscht hatte, dass wir vielleicht etwas zu sehen bekämen. Jedoch, was sich dort am Himmel zeigte, war unbeschreiblich schön! Diese leuchtenden, scheibenartigen Flugobjekte, (je knapp in der Größe einer Schallplatte), flogen direkt über uns und um uns herum. Sie schossen formationsartig im Kreis umher und leuchteten durch die Wolken hindurch. Selbst, als manche Wolken kurzzeitig etwas dünner wurden oder an manchen Stellen sogar vollständig weg waren, so waren die Ufos am Himmel immer noch strahlend im Flug zu sehen. Ich war so ergriffen und wollte meine Freundin aus ihrer Meditation holen, damit auch sie das fantastische Schauspiel, welches uns am Himmel geboten wurde, endlich sehen durfte. Sie machte also glücklich und zufrieden die Augen auf und schaute mich mit einem breiten Lächeln an. Ich stieß mit dem Zeigefinger nach oben und sagte, schau schnell hinauf. Sie blickte also hinauf und guckte umher. Ich fragte mich, wieso sie denn so suchend am Himmel umherblickte. Sie drehte sich dann wieder mit fragendem Blick zu mir und meinte: »Was soll denn da oben sein? Ich sehe nichts außer Wolken!« Ich schaute sie geschockt an und meinte, ob sie das denn nicht sehen würde. Es war definitiv unmöglich es in der Größe und so viele wie es waren, zu übersehen. Ich konnte es kaum glauben, dass sie dies nicht sehen konnte und bat sie noch einmal hinauf zu schauen. So ließ sie ihre Augen wieder nach oben gleiten. Plötzlich stieß sie einen lauten Schrei aus und sprang zeitgleich einen großen

Satz zu mir her. Sie umklammerte mich Hilfe suchend und rief immer wieder laut: »Oh mein Gott, oh mein Gott, oh mein Gott!! Das kann nicht sein, das gibt es nicht!!« Obwohl ich in meiner körperlichen Größe viel kleiner bin als sie, war sie im ersten Moment so erschrocken und in Panik, dass sie mich verkrampft festhielt und sich schützend hinter mir aufhielt. Sie war schrecklich aufgeregt und ich versuchte, sie zu beruhigen, was mir schnell und erfolgreich gelang. Ich machte ihr klar, es könne nichts passieren und alles wäre in Ordnung. Als sie langsam begriff, dass nichts Schlimmes passierte, dies kein Traum war und sie das tatsächlich erlebte, fing sie an, sich zu beruhigen und es kamen ihr die Tränen. Sie konnte es annehmen und begann die Liebe, die von ihnen ausging, zu spüren. Sie rief kurz mit ihrem Handy ihren Freund, welcher oben in der Wohnung. Sie sah ihn an und meinte zu ihm, er solle doch bitte sofort beim Balkon rausschauen. Er kam also ebenfalls hinzu und durfte als dritter im Bunde die wunderschön, umherfliegenden Ufos sehen. Er nahm sie allerdings sofort wahr und wir betrachteten somit andächtig zu dritt, was sich vor uns abspielte. Das absolute Highlight des Abends war, dass sie nicht nur einfach im Kreis um uns herumflogen, sondern plötzlich begannen, eine Herzformation zu fliegen. Wow! Ich kann es gar nicht oft genug sagen, wie unbeschreiblich schön und ergreifend das für uns alle war. Auch mir kamen die Tränen voller Glück und Freude. Dieses Ereignis dauerte eine gefühlte halbe Stunde, wobei wir keine Zeit sagen könnten, da keiner auf die Uhr schaute, geschweige denn, eine Zeit wirklich wahrnahm. Eins ist sicher, es war ein Moment, ein Augenblick, den man nie wieder vergessen kann, geschweige denn, vergessen will. Ein Moment, der sich für immer in das Herz und das Bewusstsein eines Menschen einprägt, bei welchem man sich immer mehr als gerne zurückerinnern will, denn das Gefühl bleibt dir ewig erhalten und ist etwas ganz Besonderes. Etwas Einzigartiges! Mir persönlich sind die Arten und Häufigkeiten meiner Sichtungen heute nicht mehr ganz so wichtig wie damals. Das für mich wirklich Wertvolle und Kostbare daran, ist das Gefühl, welches dabei entsteht. Wenn man mal wie ich und sicher auch einige andere Menschen unserer Erde dieses tiefe Gefühl der unendlichen, wahren Liebe kennengelernt hat, dann ist nicht mehr entscheidend, wie groß oder klein eine Sichtung ist, sondern, was uns dabei an Gefühlen vermittelt wird. Ich hatte auch schon einmal Ufos gesehen, als ich eher ein bedrückendes bis weniger positives Gefühl bekam, da spürte ich dann schon schnell, dass diese wohl die weniger liebevollen Wesen waren, aber die trotzdem genauso letztlich ein Teil vom Großen und Ganzen sind. Schatten und Licht gehören eben genau zusammen. So wie Yin und Yang! Das Wichtigste dabei ist, dass man in seiner eigenen Mitte ruht und der Liebe immer zugewandt bleibt, dann kann einem das Dunkle nichts anhaben. Demütig und mit dem höchsten Vertrauen zu Gott und unseren kosmischen Freunden, möchte ich voller Liebe unserer aller Zukunft entgegenblicken. So wünsche ich mir, dass wir irgendwann wieder alle zueinanderfinden. Mit aller

Bescheidenheit und Respekt sollten wir uns zueinander wenden, uns wieder mehr lieben und achten lernen, sowohl wir Menschen, als auch unsere kosmischen Geschwister.

Auf meiner Meditationsreise (Stonehenge) in England 2010.

Einer der Steinkreise, in welchem wir meditierten.

Sowie einer der Kornkreise, die wir ebenfalls zur Meditation nutzten.

KAPITEL 19

Umbruchphase und Neubeginn

Ich habe lange überlegt, wie ich meine Autobiografie denn am besten zum Abschluss bringen könnte. Jedoch gibt es ja noch lange kein Ende als solches, da ja meine Erfahrungen und Erlebnisse, welche ich bisher machen durfte, noch viele Jahre weiter gehen werden. Wer weiß, vielleicht wird es sogar in einigen Jahren eine Fortführung meiner Biografie geben?! Es ist mir jedenfalls unendlich wichtig gewesen, dieses Buch zu schreiben und ich bin sehr dankbar für die geistig, mentale Unterstützung, die ich zusätzlich von oben erhalten habe. Es war eine unglaubliche Bereicherung in jedem Sinne! Es gab so viele Momente, bei denen alles in einem sehr starken und intensiven mentalen Fluss war. Ich wurde hierbei sehr hilfreich geleitet und von meinen geistigen Helfern tatkräftig unterstützt. Als ich im Oktober des Jahres 2012 begann mein Buch zu schreiben, brachte ich selbst ein wichtiges Kapitel zum Abschluss. Mir war schon Ende 2010 klar, dass ich auf eine starke Umbruchphase zulaufen würde. Viele Dinge wurden mir wieder einmal bewusst und ich fühlte, dass ich bestimmte Bereiche meines Lebens verändern und beenden musste. So auch die Beziehung zu meinem Ex-Mann, den ich wirklich über alles geliebt habe. Jedoch wirkten sich bestimmte Aspekte seiner Persönlichkeit zu negativ und belastend auf mich aus. Es waren zwar teilweise sehr schmerzhafte, aber auch sehr lehrreiche und wichtige Erfahrungen, die ich in dieser Beziehung machte. Trotzdem bin ich auch hierfür unendlich dankbar, denn sie haben mich wieder weiterwachsen lassen. So, wie es letztlich ja in allen Bereichen des Lebens ist. Alles, was wir erleben, ob Gutes oder auch mal Schlechtes, lässt uns innerlich wachsen. Wir haben selbst, jeder für sich, die Wahl, ob er/sie daran zugrunde gehen will oder daraus emporsteigen möchte. Nach dem Motto: Wo eine Tür zugeht, geht eine andere wieder auf. Ich lebe nach dem Grundsatz, dass meist eine viel bessere Tür wieder aufgeht. Allerdings sollte man hierbei auch bereit sein, es zuzulassen und nicht beginnen, mit seinem Leben zu hadern, wie schlecht man es doch hat, sondern viel mehr, die positiven Aspekte als solches darin zu erkennen. Meist versteht man erst hinterher, für was es eigentlich gut war. Wichtig ist, dass man lernt, es zu erkennen und dankbar dafür ist und Möglichkeiten, die man eigentlich tagtäglich vom Leben geschenkt bekommt, zu sehen und zu leben. Meine Trennung damals war sehr grausam abgelaufen. Da ich sie eigentlich friedlich vonstattengehen lassen wollte, hat mein damaliger Partner aus seinem Ego und seiner inneren Verletzung heraus versucht, mir unsagbar viel Schmerz zuzufügen, was für einen kurzen Zeitraum auch wirklich geklappt hatte. Jedoch habe ich mich dann in dem wohl schmerzhaftesten Moment, selbst gefragt, was mir dabei so weh tut. Ich habe erkannt, dass er mich auch nur wirklich verletzen konnte, wenn ich es denn zulasse. Sobald mir dies bewusst geworden war, war es mir erst möglich, endgültig innerlich abzuschließen. Ich wusste, dass ich die richtige Entscheidung getroffen hatte und es nun kein Zurück mehr gab. Wie gesagt, man hat immer die Wahl, zu jedem Moment: Will ich im Schmerz verharren, oder will ich lieber positiv nach vorne schauen und dem Neubeginn eine Chance geben? Da muss ich mich wieder an einen alten Spruch meiner Oma erinnern (wie Recht sie doch immer hatte). Sie sagte oft zu mir: »Wenn du denkst es geht nicht mehr, kommt von irgendwo ein Lichtlein her.« Und so war es dann auch bei mir gekommen. Ein ganz besonderer Mann trat plötzlich in mein Leben. Er war zum richtigen Moment erschienen und öffnete mir die Augen. Machte mir klar, was mir eigentlich längst klar war, ich nur noch nicht bereit dafür war, es wirklich anzunehmen. Dieser Mann leuchtete mir auf ganz besondere Weise den Weg und machte mich meiner Aufgaben wieder mehr als bewusst. Denn es wäre mir damals an der Seite meines Ex-Mannes nicht mehr möglich gewesen, mich weiterzuentwickeln, da er mich immer auf seine Weise an bestimmten Stellen blockiert und festgehalten hatte. Es ist sehr wichtig, dass Energien immer frei fließen können, sobald sie stagnieren oder blockiert werden, sind sie nicht mehr im Fluss und man wird auf kurz oder lang krank, wie bei einem Wasserrohr, das verdreckt ist und dadurch das Wasser nicht mehr richtig fließen kann. Umso verstopfter und blockierter der Fluss ist, umso weniger, kann das Wasser noch hindurchfließen. Das Resultat ist, dass am Ende der Abfluss total verstopft ist und gar nichts mehr geht. So verhält es sich auch mit unseren seelischen und körperlichen Energien. Alles ist eins und wenn die Seele krank ist, wird es auch unweigerlich der Körper. Die meisten Erkrankungen haben tatsächlich seelische Ursachen! Wenn man sich wirklich die Mühe macht, herauszufinden, woran es liegt, dass man diese oder jene Erkrankung hat, dann hat man auch die Chance, wieder leichter und schneller vollkommen zu gesunden. So versuche ich tagtäglich, so bewusst wie möglich zu leben und auf jedes Zeichen meines Körpers zu hören. Sobald ich ein Signal meines Körpers erhalte, egal welcher Art, reagiere ich entsprechend und versuche, herauszufinden, woran es liegt. Hatte ich viel Stress die letzte Zeit? Hatte ich möglicherweise irgendwo ein Schock-Erlebnis oder an irgendeiner anderen Stelle viel Ärger, den ich möglicherweise in mich hineingefressen habe? Sobald ich mir der Ursache bewusst geworden bin und es aufgearbeitet habe, verändert sich auch schon mein körperlicher Zustand. Als ich damals in meiner absoluten, totalen Umbruchphase war, entschied ich mich dafür, das Alte, was mich belastet hatte, loszulassen, und den Weg nach vorne zu wählen. Viele hätten in meiner damaligen Lebenssituation erst einmal den Rückzug gewählt, was als solches nicht unbedingt falsch ist, um sich wieder zu regenerieren. Für mich jedoch wäre ein Rückzug nicht die Lösung gewesen. Ich bin viel unter Leute hinausgegangen, wollte meine Freiheit wieder zurückerlangen und wieder neue Energien auftanken. Das hat mir eine Zeit lang sehr gutgetan, auch wenn es eine enorm unruhige Phase meines Lebens war, habe ich sie trotzdem gebraucht. Meine Seele schrie förmlich nach Freiheit und ich ließ es zu. Nach einiger Zeit, hat sich dann mein Innerstes langsam stückweise wieder beruhigt. Zudem wurde mir auch durch meine geistigen Helfer klargemacht, dass es jetzt wichtig wird, sich dem Wesentlichen wieder zuzuwenden. Der Neustrukturierung meiner Zukunft! So hielt ich inne, verweilte und wartete, was passieren mochte. Das Jahr 2012 als solches war, im Gesamten ein Jahr der vielen Trennungen, sowohl bezüglich Beziehungen als auch anderweitig. Viele alte Sachen kamen zum endgültigen Abschluss. Auch ich befand mich sehr stark in diesem Kreislauf, doch lernte ich, trotz aller Unruhen im Innen wie im Außen, mit der Zeit, in meine innere Mitte zurückzukehren. Durch mein Innehalten begannen sich die Wege für mich Stück für Stück wieder zu öffnen. Ich wusste, dass jetzt die Zeit kommen würde, wo ich meine eigentlichen Aufgaben, für welche ich mich in diesem Leben entschieden habe, leben kann. Mein tiefstes, innerstes Bestreben ist es, den Menschen zu helfen und ihnen zu zeigen, dass sie ihr Leben (jeder für sich) auf wundervolle Art und Weise gestalten können, dass wir alle ein Teil vom Ganzen sind! Wir sind die Schöpfer unser aller Zukunft! Kraft unseres Geistes und unserer Liebe zu Gott und unserem Nächsten haben wir die Möglichkeit alles neu auszurichten! So hast auch DU die Möglichkeit mitzuwirken, dass unsere Kinder eine positive und bessere Zukunft vor sich haben. Egal, welche Menschen derzeit die Wirtschaft und unser System kontrollieren, wir können immer noch frei wählen. Diese Mächte können uns auch nur durch Erzeugung von Panik und Angst kontrollieren, denn diese Gefühle erzeugen negative Energien. Das ist es, womit heute verstärkt gearbeitet wird: Den Menschen Angst zu machen. Aber wovor haben wir denn eigentlich wirklich Angst? Brauchen wir überhaupt Angst zu haben? Nein, ganz im Gegenteil! Es gibt nichts, wovor man wirklich Angst haben müsste. Sobald man in seine eigene innere Göttlichkeit geht, wird man fühlen, dass man frei sein kann von all diesen Gefühlen. Sobald man gelernt hat, sich frei von Zwängen, Ängsten, Wut und Trauer zu machen, hat man schon einen großen Schritt nach vorne geschafft. Umso mehr Menschen dies für sich verinnerlichen und sich von derlei negativen Gefühlen frei machen, umso weniger Kontrolle und Macht ist bei uns möglich. Das gilt für alle Lebensbereiche! Zum Beispiel ist es derzeit natürlich nicht das Einfachste, eine geeignete Arbeit zu finden, die man wirklich gerne macht. Gerade als Arbeitnehmer ist dies wesentlich komplizierter, da die meisten Arbeitsbereiche unterbezahlt sind, man möglicherweise gemobbt wird oder seine Arbeitsleistung nicht entsprechend honoriert wird, etc. Jedoch hat man es auch da in der Hand, wie die Arbeit verläuft. Ich arbeite derzeit im Sicherheitsgewerbe hauptberuflich und habe drei Schichten. Letztens wurde ich von einem Kollegen gefragt, wieso ich fast immer gut gelaunt zur Arbeit komme. Da sagte ich ganz offenherzig, dass ich wahnsinnig gerne in die Arbeit gehe. Er schaute mich mit großen Augen entsetzt an und fragte mich, wie das sein könne. Dieser meinte noch: »Wer arbeitet denn schon gerne? Keiner macht das!« Ich lächelte ihn an und erklärte ihm, dass man alles mit Liebe machen könnte und sobald man es mit Liebe macht, ist alles viel einfacher und schöner. Denn wer seine Tätigkeit mit Liebe macht, kann auch eine gute Leistung und eine korrekte Arbeit vollbringen! So ist es auch mit Arbeitskollegen! Wie ich es ja bereits im Buch erwähnt hatte, gibt es unterschiedliche Schwingungsfrequenzen. Somit ist natürlich auch nicht jeder auf deiner Wellenlänge, weil bestimmte Menschen eben auf unterschiedlichen Schwingungsfrequenzen sind. Das ist aber nicht schlimm, es liegt an jedem Einzelnen, was er daraus macht. So kann ich mich trotzdem mit jedem Arbeitskollegen weitgehend gut verstehen, wenn ich möchte, auch wenn dieser nicht auf meiner Welle ist. Da ist Nächstenliebe sehr wichtig! Von Lästereien, egal wo und wann, versuche ich mich immer komplett zu distanzieren. Wenn ein Problem mit einem Kollegen oder Bekannten existiert, bin ich für ein klares Wort, eine Aussprache. Manchmal sind es nur Missverständnisse, die herrschen. In fast allen Bereichen des Lebens kommt man mit Liebe viel weiter und bei der Selbstliebe fängt somit letztlich alles an! Denn nur wer sich selbst wirklich von ganzem Herzen liebt und annimmt wie er/sie ist, kann auch andere so lieben wie sie sind! LIEBE ist das HÖCHSTE GUT, was uns ALLE miteinander verbindet! Und somit schließe ich an dieser Stelle das Kapitel und werde es bei einem geeigneten Zeitpunkt meiner Wahl, in einem weiteren Buch fortführen ... Eine neue Ära wurde mit diesem Jahr für uns alle eingeleitet und ich bin gespannt, was auf uns zukommt! Ich schaue mit positiven Blicken nach vorne und erfreue mich meiner zukünftigen Aufgaben, die mir bevorstehen, welche ich mit LIEBE und DANKBARKEIT annehmen möchte! Ich danke dir, lieber Leser/liebe Leserin an dieser Stelle sehr, dass du dir die Zeit genommen hast, mein Buch in aller Ruhe durchzulesen. Es war mir ein großes Bedürfnis, all das, und vielleicht in Zukunft noch viel mehr, mit dir zu teilen und wünsche dir auf deinem Weg nur das Beste in allen Lebensbereichen! Jeder Moment des Lebens ist kostbar, genieße ihn und nutze deine Chancen!

Liebe sei mit dir und auf allen deinen Wegen!